JN308559

チャイルドケア・チャレンジ
イギリスからの教訓

埋橋玲子
Uzuhashi Reiko

法律文化社

はしがき

　主の不在がちな，いわくある邸宅で働くガバネス（女家庭教師）の物語『ジェーン・エア』（C. ブロンテ作，1847年刊）は，著者の十代はじめのころの愛読書である。上流階級の家庭に住み込みで働く孤児ジェーンは，当時のイギリス社会で教育はあるが貧しく自活することを余儀なくされた若い女性の典型であった。
　当時の私はそのようなガバネスの悲しい状況など知るよしもなく，少女の常として，ロマンスとヒロインに訪れる思いがけない幸運の展開をただ楽しんでいた。そして年月はたち，偶然そして幸運にも作品の舞台となったヨークシャーの地に1993年から94年にかけて，1年間住む機会を得た。
　C. ブロンテが描き，姉妹である E. ブロンテの『嵐が丘』でも描かれたヨークシャーの美しくも荒々しい自然を目の当たりにした。いつ亡霊と出くわしても不思議のない暗闇と吹きすさぶ風，冬ともなれば重く垂れ込めた雲に冷たい雨，それらは行き場もなくそれなりの教育を受けていながら無教養な使用人と同様に扱われるガバネスの，決して明るいとはいえない人生と重なりその陰鬱さを増したに違いない。
　私はヨーク大学の教育学部にビジティング・フェローとして籍をおき，イギリスの幼児教育について改めて学び始めた。周知のとおり，イギリスはニューラナークの地に世界の幼児教育の嚆矢となった保育機関を設立したロバート・オーウェンを輩出した国である。なにか期待するところがなかったとはいえない。とはいえ，これまで教育方法を主たる研究対象とし，自分自身の子どもは保育所のお世話になって職業生活を継続でき，就学前教育の普及を当然と考える日本から来た私には愕然とすることばかりであった。
　まず大学の位置する，人口10万を擁するヨーク市に公立のナーサリー・スクール（幼稚園）は1か所しかなかった。本文にも述べるが，イギリスの就

学前教育のシステムとしてその名をはせている「プレイグループ」を訪問した時に耳にした言葉は，グループのリーダーである女性の「私は仕事を続けたかったが，そうすれば子どもの面倒をみてくれる人が誰もいなかった」という無念に満ちたものであった。プレイグループの予算は「靴ひも」程度といわれるのもさもあらん，とうなずけるような貧弱な保育室に，思いつめたような若い母親とその子どもが通うのも目にした。

　就学前教育の機会の不足，女性の就労継続を保証する保育機関の不足は当時全国的に深刻なものであった。また児童貧困問題や虐待などの子どもに対する不適な扱いの問題もその重要度を増していた。

　「ゆりかごから墓場まで」といわれるイギリス社会福祉国家の基を築いたベバリッジ・レポートであるが，「子どもの庭」は含まれていなかった，とは保育関係者の言である。またこのレポートは「ブレッド・ウィナー＆ホーム・メーカー」の伝統的な家族形態を基本モデルとし，「優秀なる英国民」の輩出を家庭の責務とし，子をもつ女性の就労などはなから想定していなかった。だが戦後50年を経過しその伝統と基盤は大きく揺らいでいたのである。若くしてシングル・マザーになり働く手立てもまた子どもを預ける先もなく，給付金に依存して生きるしかない人たちの数も看過できない規模となっていた。

　1980年代からサッチャー首相により経済改革に大なたが振るわれた。1980年代の後半は教育にも改革の波が押し寄せ，続くメジャー政権のもとで多くの抵抗がありながらも教育は変化の兆しをみせていた。そして1990年代はじめになると，一連の高等教育改革は一段落つこうとしており，変化の矛先は就学前教育へと向かっていた。それとともにイギリス経済は好転し始め，女性労働力に対する需要も増加した。

　これらを追い風として誕生したのが若きトニー・ブレアを党首とする，労働党政権である。それは1997年，18年ぶりの政権奪取であった。ブレアはクリアな声で何度も「エジュケイション（教育），エジュケイション，エジュケイション」と繰り返した。それはメジャー政権の政策の基本的な踏襲とい

う側面をもちつつ，イギリスのチャイルドケアは就学前教育の拡大を切り口として雇用政策や家族政策へと踏み込み政権交代を契機に多彩に展開されていった。前政権のまいた種をうまく開花させていったとみえなくもない。

　私は1994年に帰国したのちも何度かイギリスへ行き，そのつどいくつかの保育機関を訪問した。少しの間隔をおいてたずねるごとに状況が変化していた。それに伴い，経済が好転し，みるみる変貌を遂げていくイギリス社会のようすも目の当たりにした。イギリス人はティー（紅茶）を偏愛していたはずなのに地方都市にもスターバックスが現れ，ロンドンの街中ではコーヒーのカップを持ち歩く人が目立つようになった。

　戦後30年以上わずかな変化しかみせなかったイギリスのチャイルドケア分野はここ10数年のあいだにまさに激変した。その状態をチャイルドケア・バブルと呼んでも許されるのではないだろうか。

　本書は2005年に大阪市立大学に提出した学位請求論文『イギリスのチャイルドケアの研究――多元的・複層的サービスの構図』を下敷きとしている。加筆修正し，情報のアップデートも行った。本文の要約を p. xi 以下に示した。

　男性保育者の数も増えつつあり，それはそれで重要ではあるが，この分野はまだまだ女性がマジョリティである。イギリスの各地で真摯にチャイルドケアに取り組む多くの女性に会った。日本において志を同じくするものとして，励まされ，示唆されるところが多くあった。その意の一端もこの書を通して伝えることができればと思う。出版にあたり法律文化社の田靡純子氏・浜上知子氏には大変お世話になった。この場を借りて御礼申し上げたい。

　著者の所属する行吉学園神戸女子大学から出版助成金を与えられ，大きな助けを受けたことをここに記し，感謝の意を表します。

　　2006年12月

著　　者

目　次

はしがき

序　なぜ今，イギリスのチャイルドケアか────1
1　革命的な変化　1
2　知られざるイギリスのチャイルドケア　2
3　イギリスから何を学ぼうとするのか　3
4　「保育」と「チャイルドケア」　4

1　EC保育ネットワークの視点から（1）────7
　　──保育サービスに注目して──

はじめに　7
1　EC保育ネットワーク発足以前　8
2　ドキュメント『ヨーロッパ共同体における3歳未満児の
　　保育施設とサービス』公刊　10
3　EC保育ネットワークの発足と展開　12
4　EC保育ネットワークの成果　15
5　EC保育ネットワーク以後　22
6　EC保育ネットワークにみる
　　イギリスの保育サービスの特徴　24
まとめ　27

2　EC保育ネットワークの視点から（2）────31
　　──男性保育者問題に注目して──

はじめに　31
1　EC保育ネットワークにみる男性保育者への注目　31
2　父親プロジェクト──イタリアでの試み──　35

3　男性保育者—スウェーデンモデル—　36
　　　4　イギリスの男性保育者問題の特徴　39
　　　ま　と　め　51

3　福祉国家レジームの視点から ― 55

　　は じ め に　55
　　　1　福祉国家研究のジェンダー化　56
　　　2　グスタフソンによるチャイルドケア・レジーム　57
　　　3　ゴーニックによるチャイルドケア・レジーム　58
　　　4　OECD データにみるチャイルドケアと女性の就業　64
　　　5　エスピン-アンデルセンの福祉国家類型論と
　　　　　チャイルドケア　68
　　　ま　と　め　71

4　チャイルドケアの歴史 ― 75
　　　――伝統の発生と継承――

　　は じ め に　75
　　　1　産業革命―母親の雇用労働の始まり―　75
　　　2　デイ・ナーサリーの曙光　78
　　　3　戦争とチャイルドケア　79
　　　4　公的チャイルドケアの停滞と民間の新しい潮流　81
　　　5　不承不承のチャイルドケア　83
　　　6　1990年前後の状況―改革の前夜―　84
　　　7　変化の兆し　89
　　　ま　と　め　93

5　1997年政権交代による変化 ― 97
　　　――全国チャイルドケア戦略の展開――

　　は じ め に　97
　　　1　親が働く家庭 working family の支援　97

2　全国チャイルドケア戦略　102
　　3　保育ワーカーのトレーニング　106
　　4　3つの事例　110
　　5　「第3の道」とチャイルドケア　117
　　ま　と　め　119

6　「伝統」の変化　——————————————　123
　　　　——チャイルド・マインダー，プレイグループにみる——

　　は　じ　め　に　123
　　1　子ども法以前のチャイルド・マインダー　124
　　2　1980年代末のチャイルド・マインダー　127
　　3　1989年子ども法とチャイルド・マインダー　128
　　4　1997年政権交代後のチャイルド・マインダー　130
　　5　2000年以後のチャイルド・マインダー　132
　　6　プレイグループ　134
　　7　1980年代後半のプレイグループ　137
　　8　プレイグループの限界　140
　　ま　と　め　142

7　チャイルドケアの多機能化と統合アプローチの強化——2001年以降の状況とその複層性・多元性——　145

　　は　じ　め　に　145
　　1　チャイルドケア調査研究の実施　145
　　2　チャイルドケア政策対象の拡大　148
　　3　「確かなスタート」の展開　151
　　4　新「確かなスタート」　153
　　5　チャイルドケアの複層性と多元性　156
　　ま　と　め　160

8 チャイルドケアの質の保証 ──── 163
────商品化への道────

はじめに　163
1　調査研究の実施　164
2　保育サービスの質の保証　170
3　カリキュラム　171
4　保育従事者の職業階梯　179
まとめ　183

結　イギリスのチャイルドケアに何を学ぶか ──── 185

1　保育革命の進行　185
2　福祉国家の観点から　187
3　子育てをめぐって　189
4　イギリスのチャイルドケアから学ぶこと　192

謝　辞
索　引

図表・資料一覧

1
- 表1-1　EU目標とイギリスの実例の対比
- 資料1-1　EC保育ネットワークの業績一覧
- 資料1-2　『子どもサービスの質的標的』の要約

2
- 表2-1　男性保育者に関するセミナーと出版物一覧
- 表2-2　ペングリーン・センター・スタッフ開発（研修）プログラム
- 表2-3　シェフィールド・チルドレンズ・センターの提供するサービス一覧
- 図2-1　保育場面にみられる性別役割分担
- 図2-2　ペングリーン・センターの学習組織
- 図2-3　ペングリーン・センターの父親サポートシステム
- 資料2-1　ペングリーン・センターの設立からの経緯

3
- 表3-1　ゴーニックにより指標として用いられた母親の雇用を支援する政策
- 表3-2　OECD諸国のチャイルドケア一覧
- 表3-3　女性就業評価一覧（女性労働の望ましさ）
- 表3-4　エスピン-アンデルセンの脱商品化度指標，社会階層化指標
- 図3-1　ゴーニックによる母親の就業を支える政策の国際比較一覧
- 図3-2　メイヤーとゴーニックによる公的保育システムの国際比較一覧
- 図3-3　30～34歳女性就業率とチャイルドケア指標の相関
- 図3-4　女性就業評価とチャイルドケア指標の相関
- 図3-5　コーポラティズムとチャイルドケア指標の相関
- 資料3-1　グスタフソンによる母親の就労状況とチャイルドケアの状況（補足）

4
- 表4-1　保育従事者のもつ資格一覧
- 図4-1　チャイルドケアの一般的なパターン
- 資料4-1　イギリスのチャイルドケアをめぐる動き（第2次世界大戦後～1997年）

5
- 表5-1　保育従事者の資格・学位の現状（1996）
- 表5-2　児童とその関連領域についてのキャリア形成の階梯

図 5-1　乳幼児の教育とケアの構造（イングランド，1998）
図 5-2　ヨーク市の保育サービスの質の保証システム
図 5-3　家族モデルの変化と第 3 の道

7　表 7-1　過去の代表的な調査プロジェクト
表 7-2　1990年代以後の代表的な調査プロジェクト
図 7-1　「子ども問題」のターゲットの概念図
図 7-2　子どものニーズ・親の状況・保育手段
図 7-3　保育サービスの構造

8　表 8-1　OFSTED の査察一覧
表 8-2　3 歳未満児の保育のテーマ
資料 8-1　EPPE プロジェクト
補足資料 8-1-1　ECERS-R について
補足資料 8-1-2　ECERS-E の開発
補足資料 8-1-3　ECERS-R と ECERS-E の相関
資料 8-2　「コミュニケーション，言語，読み書き能力」領域の到達目標領域
資料 8-3　「コミュニケーション，言語，読み書き能力」ガイダンス一例
資料 8-4　3 歳未満児保育の枠組み

要　約

序　なぜ今，イギリスのチャイルドケアか

　イギリスでは1997年の保守党から労働党への政権交代以後，チャイルドケア分野にかつてない変化が生じた。1990年代は先進工業国では保育革命とも呼べる動きが進行したがイギリスほどの激しい変化をみせた国はないであろう。だがこれまでは「イギリスの保育は遅れている」という認識が一般的なものであり，積極的な興味の対象となりづらかった。しかし当該分野での大きな変化は，そのプロセスにおいて「チャイルドケア」あるいは「保育」を構成する要件を明確に浮かび上がらせた。この変化の様相を検討することは，今後わが国の保育がどのような条件を整備していくべきかについての貴重な示唆を与えてくれるであろう。

1　EC保育ネットワークの視点から（1）―保育サービスに注目して―

　EC保育ネットワーク（1986-1996）は，乳幼児の母親の就業が着実に増加しているという事実と，EU諸国の歴史的・文化的多様性がチャイルドケアに反映されている実態を明らかにした。保育サービス形態，親の休暇制度，休業補償，就業形態が不可分となって各国のチャイルドケアの状況を形作っている。

　EU諸国の共通点としては，保育サービスについて公的財源の充当が拡大される方向にあること，またほとんどの国で3歳以上の幼児に対する就学前教育は無償で提供されていることが挙げられる。しかし1980年代後半から1990年代前半，他国と同じように乳幼児の母親の就業が増加しているにもかかわらず，公的保育サービスの拡大の傾向に同調しないかのようにみえた数少ない例外がイギリスであった。しかしEC保育ネットワークの業績は外圧となってイギリスのチャイルドケアの拡大に少しは影響を与えたのである。

2 EC保育ネットワークの視点から（2）―男性保育者問題に注目して―

　EC保育ネットワークは，男性と女性が子どもの直接的ケアの責任をどのように分かち合うかをひとつの大きな課題とした。ケアと男性のかかわりを明らかにするという意味で男性保育者問題が取り上げられ，保育現場における保育者のあり方が問い直された。イギリスでは，男性保育者について先進的な試みがなされている。男性保育者の雇用は，子育てを核としてコミュニティの家族支援を行うなかで発生してきたプロセスであった。公的保育サービスは第一義的に社会福祉という文脈においてニーズのある家族を対象とするものであるというイギリスのチャイルドケアの特徴は，男性保育者問題においてより浮き彫りにされた。

3 福祉国家レジームの視点から

　OECD諸国のチャイルドケアの類型化を試みると，エスピン-アンデルセンの福祉国家類型論はチャイルドケアの構成原理を考察するに有益である。グスタフソンはエスピン-アンデルセンの類型論はそのままチャイルドケアにも適用できるとした。ゴーニック他はグスタフソンの見解には同意しないが，乳幼児の教育とケアのサービスの供給のタイプはエスピン-アンデルセンの類型論が適用できることを示した。

　イギリスはアメリカを筆頭とする自由主義レジームに属する国として位置づけられる。子どもに対するケアと教育は別物であり，ケアについては家庭の責任であり，「家族の失敗」が生じたときのみ政府が介入する。「子どものケアは国家の領分ではない」という社会通念はイギリス社会のバックボーンであった。

4 チャイルドケアの歴史―伝統の発生と継承―

　産業革命発祥の地イギリスでは，母親の家庭外労働の始まりとともに家庭外のチャイルドケアの必要がいち早く生まれた。人々の間の互助機能としてチャイルド・マインディング（自宅で子どもを預かること）が発生し，後には

なくてはならない保育手段としてイギリス社会に定着した。

　ボランタリーな個人・団体や一部の地方自治体での先駆的な取り組みとして保育所が生まれ始めたのは19世紀半ばのことであるが，政府の関与が始まったのは1918年の母子福祉法制定以後であった。2度の世界大戦中は女性労働力が求められたために保育所は拡大していったが，第2次世界大戦後は急速に縮小された。背景には「男性ブレッド・ウィナー──女性ホーム・メーカー」の家族モデルを基本としたイギリスの社会福祉体制があり，子どものケアは家庭の責任であり母親と子どもの居場所は家庭であるとされた。就学前教育は財政的な事情で拡大が阻まれ，イギリスにおける乳幼児のケアと教育は，主に私立とボランタリーによる保育機関あるいは機会というように，民間において発達した。

5　1997年政権交代による変化──全国チャイルドケア戦略の展開──

　政府は「全国チャイルドケア戦略」という名称のイニシアティブのもとにチャイルドケアの大胆な拡充政策を採った。現代的家族政策を標榜し，子育て支援を打ち出した。モデル保育機関の設置，サービス・デリバリーがより効率的に行われるような省庁の連携や地域ごとのパートナーシップの形成，就学前教育の無償提供への着手，低所得者層への保育費用補助，全体の職業資格見直しの中での保育職の位置づけ等，多くの政策展開を行った。

　その背景には「第3の道」というニュー・レイバーの政治理念があった。この理念の下に子どもの貧困，労働，国民の健康，社会的排除，学力水準向上，学業不振，生涯学習，サービスの統合などの政策的課題の中核的部分に乳幼児の教育とケア，家族支援を据えたのである。

6　「伝統」の変化──チャイルド・マインダー，プレイグループにみる──

　チャイルド・マインダーとプレイグループはイギリスの「伝統的」なチャイルドケアの手段である。長年にわたりチャイルド・マインダーはデイケアの不足を，プレイグループは幼児教育の不足を，民間の自助努力・相互扶助

で補っていた。1990年代以降，政府が公的保育サービスの供給に積極的に関与し始めたことの結果として，チャイルド・マインダーとプレイグループにそれぞれに変化が訪れた。

　チャイルドケアが女性の無償労働あるいは低賃金労働によって提供されるべきという立場から，女性の雇用労働の促進のために親によらないチャイルドケアの拡大，すなわちチャイルドケアの有償労働化，雇用関係の近代化，そして幼児教育＝就学前教育の専門性の認識へと大きな転換がなされようとしている。

7　チャイルドケアの多機能化と統合アプローチの強化
―2001年以降の状況とその複層性・多元性―

　2001年選挙後の2期目の政権下，第1期目に着手された改革による効果ないし変化が目にみえて現れてきた。イギリス経済の良好さを背景に女性の雇用も進み，チャイルドケア分野は活況を呈している。

　政策面で，以下の点に強く特徴が現れている。「確かなスタート」イニシアティブの拡大，保育機関の多機能化の進行，3・4歳児の2年間の就学前教育の無償提供の徹底と3歳未満児の保育に関心が向けられるようになったこと（量的拡大）と就学前教育のナショナル・カリキュラムと保育供給の基準となるケア・スタンダードの制定とそれらに基づくOFSTED（教育基準局）による保育機関査察責任の一本化（質的保証）である。2003年，児童保護の強化を出発点としたグリーン・ペーパー『子ども問題（*Every Child Matters*）』が発行され，イギリスのチャイルドケア政策は，普遍的保育サービスの充実と重点取り組みというふたつの方向性を明確にした。

8　チャイルドケアの質の保証―商品化への道―

　チャイルドケア政策実行とその評価のための調査研究が1990年代後半より多数実行されている。そのうちのひとつ，EPPE（効果的な就学前教育の実施）プロジェクトにより就学前教育の政策的根拠が得られた。OFSTEDの査察

実施と結果公開は定着し，質の向上がはかられている。保育従事者の質が大きな鍵となるが，職業階梯のよりいっそうの整備により能力開発が強化された。これらは保育すなわち乳幼児の教育とケアというサービス，そしてそのサービスを提供する労働力を商品として市場に流通させるためのクオリティ・コントロールであり，そのシステムは着々と定着しつつある。

結　イギリスのチャイルドケアに何を学ぶか

　ここ10年余りに進行したチャイルドケアの拡充は，既存の保育機会を掘り起こし，保育サービスの供給源の多様さ，すなわち多元性はそのままに活性化させることであった。省庁合同の合理的な運営を行い，地域住民を対象とした多種多様な社会福祉サービスを入れ込んだ。従来高等教育に充当させていた財源を就学前教育へと振り替え，生涯学習社会への歩みを進めた。チャイルドケア後進国であったイギリスは，後発性利得を十分に発揮し，諸外国からの情報をもとに徹底したリサーチとパイロット・プログラムの実行とその評価を集中的に行い，合理的な政策実行のために教育とケアの統合を推進した。

　チャイルドケアが「サービス」として公の場で市民権を得るようになったことの意義は大きい。だが乳幼児の教育とケアがサービスとして管理されることの限界もある。その限界への挑戦は，またわれわれにもつきつけられた課題であろう。

教会内で開かれているプレイグループの様子
（ヨーク市郊外，2003年）

序
なぜ今,イギリスのチャイルドケアか

1　革命的な変化

　イギリスでは,1997年の保守党から労働党への政権交代以後,チャイルドケア,あるいは乳幼児のケアと教育の分野にかつてない変化が生じた。1990年代前半まで,歴代の政府は子育てを私事とみなし,ことに乳幼児の家庭外のケアと就学前教育の供給において,他のヨーロッパ諸国に大きく遅れをとっていた。ところが1997年の政権交代を機に,国内外のさまざまな状況の変化に対応するために一気呵成のキャッチ・アップがはかられたのである。

　政権交代を実現させた,トニー・ブレア率いるニュー・レイバーは「第3の道」を標榜し,チャイルドケアを政策の目玉のひとつとした。その結果,チャイルドケア分野は「保育バブル」とも呼べるほどの活況を呈した。1990年代を通して先進工業国では保育革命とも呼べる動きが進行したが,乳幼児の教育とケアの分野でこれほどの激しい変化をみせた国は他に例をみないであろう。

　はたしてイギリスのチャイルドケアはどのように変わったのか。それは本当に「変わった」といえるのだろうか。そして,その背景にあるものは何なのだろうか。

2 知られざるイギリスのチャイルドケア

　これまでイギリスの乳幼児のケアと教育についてのわが国における研究は，歴史的研究，あるいは今日のイギリスでの実態に即した，社会的不利や障害，虐待など特定の問題がある場合の処遇方法，優れた幼児教育プログラムの事例，あるいはイギリスにおいて特徴的な発展を示した母親たちの自主保育活動であるプレイグループや，ファミリー・デイケアを提供するチャイルド・マインダーという，個別の保育形態に焦点が当てられたものがほとんどであった。

　それには次のような事情がある。イギリスの1990年はじめ頃までの状況をみると，「保育所」についていえば，日本ならば「保育に欠ける」子どもとは，その大多数が一般の働く親の子どもである。だが，イギリスではそのような子どもに対して提供されるような，公的な保育機会は未発達のままであった。日本の認可された，つまり政府等からの補助金を受けて運営される「保育所」のようなものは，イギリスには存在していなかったのである。イギリスの公立のデイ・ナーサリーと呼ばれる機関は「剥奪・社会的不利・障害」という社会福祉の文脈においてニーズのある子どもだけを対象としているからである。一般の働く親のためには私立のデイ・ナーサリーがあるが，親の負担によってのみ運営されるため，保育料は高額であり，決して一般的なものではなかった。

　日本の「幼稚園」に相当する就学前教育機会については，地域格差が大きく，絶対数が不足しており，日本のように普遍的なものではなかった。義務教育就学前の子どもは，小学校への早期入学という現実との妥協的な対応がなされていた。

　これらの事情により，わが国の保育関係者のあいだでは「イギリスの保育は遅れている」という認識が共通したものであり，スウェーデンを代表とする北欧諸国の保育に対するような，憧れめいた関心は生まれようがなかった

のかもしれない。イギリスの乳幼児のケアと教育に対しての関心はさほど高いものではなかったといってよいだろう。

また，イギリスの保育サービスに，学校教育制度内の就学前教育と社会福祉制度内の保育という日本の枠組みを当てはめようとするために，イギリスの状況が十分に理解されていないきらいがある[1]。本書では，これまで断片的にしか焦点を当てられてこなかった，あるいはとかく日本の保育制度の枠組みを当てはめられ，理解されづらかったイギリスにおける乳幼児の教育とケアの全体像を示す。

3 イギリスから何を学ぼうとするのか

わが国においても，「保育」をめぐり大きな変化が次々と起きている。ここ10年来の政策面の変化だけを捉えても，旧・新・新々エンゼルプラン，度重なる児童福祉法改正，各種の規制緩和策の進行，公立保育所運営費の一般財源化など，枚挙に暇がない。

保育所それ自体についても，子育て支援の観点から多様なサービスの提供が求められるようになった。「保育所」では「保育」を提供し，「幼稚園」では「教育」を提供する，というケアと教育が分離している制度的な「幼保二元化」の状況は，幼稚園における「預かり保育」[2]という形態の拡大や，幼稚園・保育所両施設の総合化[3]の動きにより，徐々に解消されていこうとしている。

家庭内外での子育てをめぐって，多くの今日的課題が渦巻いているこのようなときには，国際的な視野をもつことが必要かつ有効であるのではないだろうか。他国で採られた政策や現状を分析・検討することで，「保育」の本

---

1) 文部科学省幼児教育課作成資料「就学前教育・保育制度の国際比較」『月刊保育情報』2004年1月号（No. 326），p. 24.
2) 基本の保育時間（1日4時間を標準）に加え，延長時間保育を提供する。
3) 2003年12月総合規制改革会議『規制改革の推進に関する第3次答申』2004年1月厚生労働省・社会保障審議会児童部会。

質についての発見があり，翻ってはわが国の保育を見直し，今後の方向性を求めることができるのではないか。なぜなら工業先進国では女性の労働化や核家族・少子化など多くの共通した問題がみられるからである。

　ここ数年来のイギリスのチャイルドケアの大きな変化は，そのプロセスにおいてチャイルドケアあるいは保育を構成する要件を明確に浮かび上がらせた。イギリスのチャイルドケアの変化の様相を検討することは，今後わが国における保育がどのような条件を整備していくべきかについての貴重な示唆を与えてくれるであろう。

　近年のわが国の保育界におけるホット・イシューは，「認定子ども園」が今後どのようにその姿を顕わしていくかにある。幼稚園的機能に主軸をおくのか，保育所的機能に主軸をおくのか，いやそもそも従来の枠組みにとらわれず，乳幼児のケア，家族支援，コミュニティ・ディベロプメントなど多くの機能を包みこんだ新たな形態を創出することができるだろうか。このような観点からもイギリスのここ10年の変革をたどることは意義あることと思われる。

4　「保育」と「チャイルドケア」

　ここまで「保育」および「チャイルドケア」という語について，明確な区別を示していない。あらためて本書におけるこれらの語の定義を行っておく。

　「保育」という言葉は，わが国の保育関係者の間では，乳幼児に対する保護（ケア）と教育が不可分であるとする考えに基づき，保育所[4]においても幼稚園においても広く用いられる用語である。ひとかどの志をもつものであれば，保育士であれ，幼稚園教諭であれ，乳幼児を育成する仕事に喜びを感じ，強い責任感をもってその職務に従事している。

　だが，一般的にはその解釈が共有されているとはいえない。しばしば見受

---

[4]　保育所保育のガイドラインである『保育所保育指針』（厚生省発表，1999年改定）においては「保育」を「養護と教育が一体となったもの」と位置づけている。

けられるのが，ケアを主体としたかかわりが「保育」であり，この「保育」には教育が含まれていない。つまり，教育的かかわりを主眼とせず，親あるいは家庭に代わってのケアあるいはスーパーバイズを提供するという意味でしばしば用いられる。

「チャイルドケア」という用語の内容は，この後者の意味での「保育」に相当していたといってよいだろう（現在のイギリスではこの点にも変化がみられる，後述）。英語文献における「チャイルドケア」という語の用いられ方は一様ではなく，決まった定義もないが，ニュアンスとしては文字どおり子どもの世話であり，教育的な関与に中心はおかれない[5]。

幼児教育機関を含む保育機関に子どもを預けることから親類縁者に預けることまで，「チャイルドケア」の範囲は広い。イギリスにおいては親が就労等の理由で不在の場合の代替ケアを指す場合と，要保護児童に対する処遇全般という意味で養子制度や居住型施設における児童養護を指す場合があるが，本書では前者のみを対象としている。

筆者にとって「チャイルドケア」は「保育」とは訳しがたく，「子育て支援」ともさらに訳しがたい。そこに生じる違和感こそが，イギリスのチャイルドケアの構図を読み取る鍵であると思われる。また，わが国の今後の「保育」サービスのあり方への提言を行うにあたっての切り口となると思われる。

[補足]　保育・チャイルドケアの重要性は子どもの義務教育就学をもって終了するものではなく，学齢期にある子どものケアも劣らず重要であるが，本稿においては付随的に言及する場合を除き，対象とはしていない。また，障害をもつ乳幼児に対するケアや教育のあり方も重要な視点であるが，本論の域を超えるので取り上げることはしない。なお，イギリスという名称を用いているがほとんどは，イングランドの状況に基づいている。

---

5) 2001年 OECD から『力強い出発：年少児の教育とケア (*Starting Strong : Early Childhood Education and Care*)』という英文200ページ余りのレポートが発行された。このレポートにみられるように，公式に政策論議が行われる場合，チャイルドケアというあいまいな用語は使われず，「年少児の教育とケア」と明確な概念が提示される傾向にある。

1
EC保育ネットワークの視点から（1）
―― 保育サービスに注目して ――

はじめに

　イギリスに限らず，ヨーロッパ諸国のチャイルドケア政策の進展を明らかにしようとするならば，ヨーロッパ共同体（Europe Community＝EC）／ヨーロッパ連合（Europe Union＝EU）[1]のヨーロッパ委員会（Europe Commission＝EC）のプロジェクトのひとつ，保育ネットワーク（1986-1996，後述）の存在を抜きにすることはできない。

　イギリスにおいては，EC保育ネットワークの業績により，自国政府によっては省みられることがなかった未発達なチャイルドケアの状況が白日の下にさらされ，後の1997年以降のチャイルドケアの拡大をもたらすのに影響を与えた。そのEC保育ネットワークについての全貌はあまり知られていない。

　EC保育ネットワークの活動とはどのようなものであったのだろうか。その中で当時のイギリスのチャイルドケアは，他の加盟国と比較するとどのような状況であったのだろうか。また，EC保育ネットワークはイギリスのチャイルドケアにどのような影響を与えたのだろうか。

1）　経済協力機構であるヨーロッパ共同体（＝EC）は，「構成国の人々の生活および雇用の条件を絶えず改善する努力を最重要目的」として1957年発足した。ECは「単一ヨーロッパ」を目指して発足以来，共同体の立場と構成国の国益・政治的主張，時々の国際情勢などの複雑な要因を抱え，経済面のみならず社会面での「平等化」を目指し多くの葛藤と矛盾をはらみつつ，現在も目標の達成に向けさまざまな局面での合意の成立を目指し調整と交渉は進行中である。1993年にヨーロッパ連合（＝EU）が成立した。

1 EC 保育ネットワーク[2] 発足以前

1957年ローマ条約

　チャイルドケアに対するヨーロッパ委員会の関心の発端は，労働市場における男性と女性の平等な待遇の要求にある。これはローマ条約[3]（1957年）の第119条項として記されている。

　ヨーロッパ委員会はこの同等な待遇の実現のためには「雇用と家族責任の両立」が整備されるべき条件であるとした。そして両立の条件が整備されるには，親が働いている間の子ども（10歳以下）のケアが中核的な部分であるという認識が強まってゆき，そのひとつのプロセスが EC 保育ネットワークであった。

保育ネットワーク成立までの経緯[4]

　すでに1970年代後半から，女性雇用の増大に伴うチャイルドケアの問題については ILO[5]，ヨーロッパ閣僚会議（Europe Council）[6]，OECD[7] により注

---

[2] EC 保育ネットワークについて部分的には日本でもすでに注目されている［木下龍太郎 1990・1991・1992，木下比呂美 1990・1995，柴山 1993，岩上 1994・1995・1996，福川 1998，山田 1999，保育基本問題検討委員会 2000，山本 2002，泉他 2003］。EC 保育ネットワークプロジェクトの目標は，男女の機会均等政策の一環として女性の労働市場参加の条件整備にあるが，木下龍太郎，木下比呂美，柴山，岩上，山田らの研究もこの点に焦点が当てられている。福川は個別の保育サービス形態としてのファミリー・デイケア（家庭的保育）に焦点を当てた。保育基本問題検討委員会によるものは保育ネットワークのコーディネーターであったモスの研究を紹介したものである。山本は保育基本問題検討委員会による類型化を参考として各類型の典型的な国を選び出し，保育ネットワーク以後の変化も含めてそれぞれの国の保育サービスについて詳述し，日本の少子対策に対しての政策的含意を求めた。泉他2名はプロジェクト最終年の刊行物のひとつの抄訳を行い資料紹介としている。

[3] ヨーロッパ共同体設立条約。EC/EU の憲法ともいわれる。

[4] Commission of the European Communities 1984: 1-25.

[5] =International Labour Organisation, International Conference, 66th & 67th Sessions (1980 & 1981).

目されていた。またヨーロッパ委員会によっても子どものケアと親のニーズのサンプルによる調査，あるいは就学前教育と3歳未満児の処遇についての調査が行われていた[8]。

これら複数の報告書に共通しているのは，1960年代と1970年代に工業化が進行し幼い子どもをもつ母親の就業は増加していったにもかかわらず，3歳未満児のケアに対する供給は需要をはるかに下回っていることの指摘と，基準が統一されていないために信頼できる統計がないことであった。それぞれの報告書には執筆者の主観が強く反映されて同一の国について正反対の見解が示されているなどの問題がみられた。

両性間での家庭責任分担の見直し

1970年代，上記の報告書によれば，EC加盟国において出生率は減少傾向にあるものの，当時で毎年1000万を超える子どもが生まれ，3000万を超えるケアと教育を必要とする3歳未満児がいること，一方で出生力の高い20代女性の労働力化と同時に子どもの祖母の世代の労働力化が進行しているという状況があった。

かつてないほど幼い子どもの母親が働いていた[9]。さらに，特に困難な問題としてひとり親の増加があった。すでに幼い子どもの養育の責任を家庭内だけにとどめおくことは困難になっており，家族の縮小は当分続くことが予想された。

このような社会的文脈のなかで，男性と女性の間での家庭責任の分担の見直しが迫られた。また，家族全体のウェルビーイングか，あるいは子ども，

---

6) Conference of European Ministers responsible for family affairs, 1981.
7) =Organisation for Economic Co-operation and Development, High-Level conference of OECD Member States on women's employment, 1980.
8) "Pre-School Education in the European Community" 1980.
9) データは完全なものではないが，デンマークでは非常に幼い子どもの母親の50％，イタリアでは40％が，フランスでは6歳未満児の子どもの母親の70％が稼得労働に従事していた（Commission of the European Communities, 1984）。

父親，母親という個人のウェルビーイングかという選択にも抜き差しならぬものがあった。加えて，経済が良好なときには多くの努力がなされるが，予算の制限により達成されたことが危うくなることもあった。

ヨーロッパ委員会はこのような状況にかんがみ，親または家族休暇の伸張と共同保育（communal day care facilities）の拡大という2つの重要な方向性に注目し，新共同体行動計画（New Community Action Programme）の目的と加盟国間の社会的文脈にそって，加盟国における実態を明らかにするために独自の調査を行った。

2　ドキュメント『ヨーロッパ共同体における3歳未満児の保育施設とサービス』公刊

公刊に至るまで

それまで加盟国間であっても，各国の保育機関やサービスの状況，需要について正確に知られていなかった。そこで，この調査の目的は，共通の尺度によりそれらを把握すること，パターンを見出して本質的な要因について明らかにすること，その上で全体的な傾向を見出し，女性にとっての機会均等の達成に向けて見通しをもつことであった。

具体的な方法としては，先行する調査研究のレビューと，各国の政府と女性の雇用あるいは機会均等委員会または男女の機会均等の諮問機関やそれらに相当する機関に質問紙を送付し，回答を得るというものであった。その他，当時発行されていた他機関の報告書なども参考資料として採用された[10]［Commission of the European Communities 1984］。

こうしてEC保育ネットワークの発足に数年先立ち，1984年，ドキュメント『ヨーロッパ共同体における3歳未満児の保育施設とサービス（*Day-Care Facilities and Services for Children under the Three in the European Community*）』が

10）ILO, OECD, ヨーロッパ委員会。

公刊されたのである。

ドキュメントの結論

　以下に示す2つの大項目のもとに，国際的な共通認識の確立とともに国や地域の個別的な分析の両方が必要とされた [Commission of the European Communities 1984]。

a　国際的なレベルでの主義主張の確立と展開
- 「子ども間の機会均等」と「仕事あるいは社会生活と家庭生活の調和」という2つの目的達成に向けての総合的なアプローチがなされるべきである。
- 年少児の母親と父親双方が選択の自由について同等の権利をもつ。
- 女性の雇用される権利の保障のために政府は家族（とその環境）に対し寛容（と中立性）を示すべきである。
- 政府は児童福祉政策の見直しという観点から，新しいパターンが興りつつあることと，親のニーズや要望に関心をもつべきである。
- 以上のような方針を実現するには，ニーズを確定し，子どものデイケアの形態の要望が多様化していることへの適切な対応が迫られる。
- 子どもと親にとってもっとも望ましい形態であり，場所が適切で質が満足のいく水準に達しているようなサービスが，就学前のネットワークを前提として公私両方の分野で発達し，地域の関与によって確実に提供されるべきである。
- 保育サービスや設備は親に対して無料または支払い能力に応じた手ごろな料金で提供されるべきである。また一定の水準に従うものであり，しかるべき機関によって監督されていなくてはならない。
- 必要な手続きは政策目的に沿って総合的に（単一の省庁の責任の下で）実行されるべきである。
- 経済的な状況によって財源の削減がなされるべきではない。また適切なサービスを受けていない子どもに対しては対応を急ぎ水準向上に向けて

の努力がなされなくてはならない[11]。
- 各国は全国と地方の両方のレベルで必要なサービスや設備が体系的に向上するよう（財源の実情に応じて）計画の実現を奨励するべきである。
- 最後に，ILOの156協定[12]と165勧奨[13]を批准するべきである。

b　国や地域のレベルで以下の特定の要因について分析の継続の必要性
- 要求の概略を把握すること
- 適切なデイ・ケアの形態を明確化すること
- スタッフ
- サービス展開を監督する指標
- 機会均等と児童福祉の2頭立ての統合的な政策

以上の見解と問題意識が，EC保育ネットワークのプロジェクトが実施される以前に明らかにされていたのである。

3　EC保育ネットワークの発足と展開

EC保育ネットワークの概要

1986年，ヨーロッパ委員会では女性の就業を保証するには保育サービスが重要な社会政策であるという認識から，第2次機会均等プログラム（1986-1990）の一部として「保育に関するヨーロッパ委員会ネットワーク

---

11) ドキュメントでは,「この項目は国際的に合意されているものではない」との但し書きがある。
12) ＝男性労働者と女性労働者について機会と待遇の平等の実現に向けて各加盟国は，雇用されているかあるいは雇用を求めようとする家族責任をもつ者が，差別の対象となることなく，あるいは可能な限り雇用と家族責任の両立に葛藤することなくその権利を行使できるよう国としての目的を定める（1981年）。
13) ＝しかるべき担当部局が，関係する公私の機関と協同し，とりわけ雇用者と労働者の組織が情報収集に努め，必要にして適切な手段をとり，家族責任をもつ労働者と子どもの数の正確な統計を収集し，保育や家族支援サービスのニーズと選好を確定する（1981年）。

(Europe Commission Network on Childcare)」(以下，EC 保育ネットワーク) と呼ばれるプロジェクトが立ち上げられた。

EC 保育ネットワークはそれぞれの加盟国を代表する12名の専門家と全体のコーディネーター1名 (ピーター・モス[14]，ロンドン大学所属) で構成されていた。委員会は第2次機会均等プログラムの中で保育環境整備実現のための勧告を行おうとしており，EC 保育ネットワークはそのための作業グループであった。

各国代表により自国の保育サービスについて (サービスの対象年齢は10歳まで) のレポートが作成され，1988年にはそれらをまとめた統合レポートがヨーロッパ委員会に提出された。1989年には統合レポートの要約と，ネットワークによる委員会に対しての勧告の全文が掲載されたレポートが発行された。

さらにプロジェクトは1991年時の改名を経て，計11年間にわたって継続した。ネットワークはいくつかのテーマを設定して多くのレポートを公刊し，一般的な政策やサービスのレビューを行い，状況分析・カンファレンス開催など広範囲にわたる業績を残したのである (後述)。その過程でネットワーク内での合同の調査研究，相互訪問が盛んに行われた。

「保育に関する勧告」の採択

1989年には「労働者の基本的権利に関する共同体憲章 (the Community Charter of Basic Social Rights for Workers)」(通称，EC 社会憲章) が成立している。憲章の行動プログラムと第3次機会均等プログラムは，保育に関する勧告を求め，1992年に理事会により「保育に関する勧告 (Council of Ministers' Recommendation on Child Care)」が採択された。この勧告は保育サービスの拡充のために，以下のような，一連の原則と目標を提示した。

- 支払い可能な料金

---

14) Peter Moss，ロンドン大学トマス・コラム・リサーチ・ユニット所属。

- どの地域でもサービスが利用できること（都市部，地方を問わず）
- スペシャル・ニーズのある子どもも利用できること
- 信頼できるケアと教育の結合
- サービスと親，地域が親密で応答的な関係がもてること
- サービスの多様性と柔軟性
- 親の選択肢を増やす
- サービスの一貫性
- 保育の教育的社会的価値にふさわしい，ワーカーの基礎的・継続的トレーニング

「勧告」の限界

　「勧告」は「指令（directive）」ではなく法的な規制がない。勧告ではなく指令として採択されるべきであるとして論争がなされたが，結局は理事会勧告として採択された。「勧告」には委員会勧告・理事会勧告の2つの形があるが，理事会勧告のほうが加盟国政府の賛同が得られることで政治的な重みが増す。委員会勧告ではなく理事会勧告として採用されたという点で，「保育に関する勧告」は一定の実効性をもちうるといえよう。

　だが，そこにはあくまで EU は経済協力機構であることの限界が認められざるを得ない。雇用機会均等という観点からの保育サービスの拡充であって，子どもの福祉に第一義的にかかわるものではない。勧告の内容は EC 保育ネットワークの主張するものより意味合いが希薄になり，内容は限定されたものとなった [Moss 1996]。

　勧告は不十分さを多く備えているとはいえ，子ども（保育）サービスの分野でのヨーロッパ政策発展のひとつの節目であった。原則と目的の一応の収束をみたものであり，ヨーロッパの政治的過程のなかで，他の要因と関連しながら協同・ロビーイングにより漸進が期待されるものであった [Moss 1996]。

ネットワークの改名

　1991年からの第3次機会均等プログラム (1991-1995) では，1991年にネットワークの改名が行われた。「保育および女性と男性の雇用と家族責任の両立のための他の方策についてのヨーロッパ委員会ネットワーク (Europe Commission Network on Childcare and Other Measures to Reconcile of Women and Men)」というものであり，さらに活動が強化された。ネットワークの役割は「進捗状況をモニターし，政策事項の評価をし，情報の収集と普及，保育サービスの質の定義について基準を確立する」と定義された。

4　EC保育ネットワークの成果

調査・研究の実行

　EC保育ネットワークはいくつかのテーマを設定して多くのレポートを公刊し，一般的な政策やサービスのレビューを行い，状況分析・カンファレンス開催など広範囲にわたる業績を残した。ネットワークの調査・研究の分野は大きく「子どものためのサービス」，「親の休暇制度」，「ケアラーとしての男性」という3つの領域に分かれている（資料1-1）。

　なかでも加盟国における保育サービスと親の雇用状況など，保育とその周辺状況のレビューとしては以下の3編が発行されている。1988年発行の『保育と機会均等 (*Childcare and Equality of Opportunity*)』，ついで1990年発行の『ヨーロッパ共同体における保育 (*Childcare in European Community*) 1985-1990』，最後が1996年に発行の『ヨーロッパ連合における子どもサービスのレビュー (*Review of Services for Young Children in the European Union*) 1990-1995』である。

　最後の報告書は，1990年以降の加盟国における「子どもサービス services for young children」（傍点筆者）の進展と1990年代半ばの状況をまとめたものである。ここで「保育 childcare」という語が用いられていないことに注目しなければならない。

資料1-1　EC保育ネットワークの業績一覧

子どものためのサービス

・レビュー
　1988　『保育と機会均等』
　1990　『ヨーロッパ共同体における保育　1985-1990』
　1996　『ヨーロッパ連合における子どもサービスのレビュー』
・質について
　1990　『保育サービスの質—セミナーレポート—』
　1991　『子どもサービスの質：ディスカッションペーパー』
　1993　『色を感じますか？』（ビデオ）
　1996　『子どもサービスの質的目標』
・財政構造の役割
　1989　『財政構造と保育：財政支出と政策実行の現状』
　1992　『僻地に注目した財政構造と保育』
・特定の問題とサービス形態のレポート
　〈地域格差の解消〉
　1990　『僻地に住む家族の保育ニーズ—セミナーレポート—』
　1995　『僻地に住む家族のための保育サービス』
　〈政策〉
　1994　『保育サービスの監視：情報ニーズ』
　1996　『仕事と子育ての両立：政策効果のための必要情報—セミナーレポート—』
　〈保育職〉
　1990　『4歳未満児と保育ワーカー—セミナーレポート—』
　〈コスト〉
　1995　『子どもサービスのコストと財源』
　〈ファミリー・デイケア〉
　1995　『ヨーロッパのファミリー・デイケア』
　〈学童保育〉
　1996　『ヨーロッパの学童保育』
　〈人種差別〉
　1994　『ヨーロッパの保育サービスの人種差別への挑戦』

親の休暇制度

　1994（1995改訂）　有子労働者の休暇制度

ケアラーとしての男性

　1990　『子どものケアラーとしての男性—セミナーレポート—』
　1994　『ケアラーとしての男性：女性と男性が子育ての責任と喜びを分かち合う文

	化を目指して―セミナーレポート―』
1994	『メディアにみる男性と子育て』
1995	『男性・保育所・子育て』
1996	『保育サービスの中の男性』
1996	『ケアラーとしての男性：女性と男性が子育ての責任と喜びを分かち合う文化を目指して―1993ラヴェンナ・セミナーからの進展―』（エミリア・ロマーニャ地方庁との協同）

その他刊行物

〈年報〉
1993	『1992年・年報』
1994	『1993年・年報』
1995	『1994年・年報』

〈雇用〉
1991	『母親・父親・雇用』
1993	『母親・父親・雇用　1985-1991』

〈仕事と家庭の両立〉
1991	『東西ヨーロッパにおける保育・平等・仕事と家庭の両立』

ネットワーク主催セミナー，カンファレンス
1990	開催地：バルセロナ	'子どもサービスの質'
1990	開催地：アテネ	'僻地に住む家族の保育ニーズ'
1990	開催地：レイデン	'4歳未満児の保育ワーカー'
1990	開催地：グラスゴー	'ケアラーとしての男性'
1991	開催地：ミュンヘン	'東西ヨーロッパにおける保育・平等・仕事と家庭の両立'
1995	開催地：ブラッセル	'仕事と子育ての両立：政策効果のための必要情報'
1996	開催地：インバネス	'僻地に住む家族のための保育サービス

　「保育」という語は働く親に代わってのケアを意味して用いられていたが，サービスは親の就労如何にかかわらず，すべての子どもに必要であるという見解から「子どもサービス」という語が用いられたのである。このサービスには，子どもに対する親によらないケアだけにとどまらず，子どもと親の学習・社会化・レクリエーション・サポートも含まれる。そのセッティングについても集団保育からファミリー・デイケアまで広範囲に及ぶ。また，この報告書で初めてオーストリア，フィンランド，スウェーデンが含まれた。

各国のチャイルドケアの概況の周知

　EC保育ネットワークが作成した3番目のレビューである『ヨーロッパ連合における子どもサービスのレビュー　1990-1995』によって加盟国の1990年代前半の状況が明らかにされた。このレビューはネットワークの業績のひとつの集大成であり，これにより当時の各国のサービス状況を概観すると，次のようなことが理解される。

a　3歳から就学前まで

　　北欧諸国は社会福祉ベースでケアと幼児教育が，その他の国は教育制度内で幼児（就学前）教育が公費による普遍的なサービスになっている。ことにフランスでは2歳半からと，他の国に比べて早い。いずれの国でも学校教育内での幼児教育は無償で提供されている。保育時間については半日から全日まで多様である。北欧諸国を除く大陸ヨーロッパ諸国では，全日の場合でも長い昼休み，水曜日の午後休みなど，学校の授業時間と同様の保育時間形態となっている。イギリスとアイルランドでは就学前教育の普及に著しい遅れがみられる。

　　教育サービスであっても，親以外の他の大人のスーパーバイズの下に子どもがおかれるということはケアを提供されていることと同様である。たとえばフランスの「母親学校」は8時30分より16時30分までの保育時間中2時間の昼休みをはさんでおり，子どもは昼食のために帰宅しなくてはならないが，監督者がいれば学校にとどまることができる。保育時間がある程度の長さであればパートタイム就労，あるいは短時間の代替ケアを手当てすればフルタイム就労も可能となる。ほとんどの国で幼児教育は普遍的サービスであるが，その供給の時間的長短は母親の就労形態を左右する大きな要因となる。

b　3歳未満児について

　　3歳未満児の保育サービスは育児休暇との関連で考えられなくてはなら

ない。ドイツ，スペイン，フランス，フィンランド，スウェーデンで子どもが3歳になるまで，ベルギー，デンマーク，オーストリア，ポーランドで2歳数ヶ月まで育児休暇の取得が可能である。現実的には休業補償との関係で必ずしも満期で取得されるとは限らないが，ことに生後1年までは施設保育よりも育児休暇で対応する国が多い。

c　ファミリー・デイケアについて

　イタリア，ギリシャ，スペインにはファミリー・デイケアラーの全国組織がなく，ポルトガル，ルクセンブルクではその利用は少数である。その他の国では親に代わるケアの提供者として重要な手段となっている。自治体で雇用される，ソーシャル・ワーカーによる監督がなされるなど公的に認められた保育手段となっている場合と，まったくの自営で行われている場合とがある。

d　在宅の親子に対するサポートについて

　ドイツ，スペイン，フランス，イタリア，オーストリア，フィンランド，スウェーデンでは，在宅して（無業あるいは休暇中）フルタイムで子どものケアをしている親，あるいはファミリー・デイケアラーとそのケアを受けている子どもを対象として，家庭内での孤立を防ぐために公開保育室を設けている。

EC 保育ネットワークの目標

　1996年，「保育に関する勧告」をふまえプロジェクト終了後の10年後までには実現可能が望まれるサービスのレベルを示したリーフレット『子どもサービスの質的標的（*Quality Targets in Services for Young Children*）』が発行された。これは，就学前の乳幼児の保育サービスについて，10年以内の各国での達成目標を示したものである。どの目標も加盟国の一部ではすでに実現されており，それらが例として挙げられた。すでに実現されているものである

資料1-2 『子どもサービスの質的標的』の要約

◆政治的枠組み
①専門家と一般の意見の聴取および政策根拠の明示。
②全国・地方レベルで一貫した政策実践の責任をもつ機関の設置。
③全国・地方レベルで政策実行にあたっての具体的な青写真の提示。
④常に政策実行の見直しが可能となる法律の枠組みの作成。
⑤政府は保育政策の基盤整備に責任をもつ。
⑥全国・地方・自治体レベルでサービスが需要を満たしているかどうかの調査の実行。

◆財源の裏づけ
⑦就学前の子どもに対する保育サービスの支出はＧＤＰの１％を下回らない。
⑧予算の５％は監督・助言に，１％は調査研究に用いられるべきである。
⑨環境と保健設備の新築・改築のための予算を支出する。
⑩保育費の支出は家計の15％を超えない。

◆サービスのレベルとタイプが政治的枠組みの中に組み込まれること
⑪３〜６歳児の90％以上，３歳未満児の15％が公費の助成を受けてフルタイムに相当するサービスを受ける。
⑫親の要望に応じて保育時間，開所期間に柔軟に対応する。
⑬親の選択に応じた多様なサービスがある。
⑭サービスは子ども大人双方の多様性の価値を認めステレオタイプに陥らない。
⑮障害をもつ子どもは適切な補助員と特別な援助を得て他の子どもと同じサービスを利用できる。

◆教育的目標
⑯０〜６歳のすべての集団保育は一貫した価値と明示された教育目標をもつ。
⑰教育方針は親・保育者・関係者により決定・発展させられる。
⑱教育方針は広範囲にわたって子どもの発達を促す。
⑲教育方針の実行は細部にわたって具体的に明らかにされる。
⑳教育と学びの環境はさまざまな価値観を反映している。

◆大人と子どもの比率
㉑大人対子どもの比率は一定の基準を下回ってはならない（０歳児は１対４，１歳児は１対６，２歳児は１対８，３〜５歳児は１対15）。
㉒勤務時間の10分の１は子どもと接しない研修や準備に当てられる。
㉓比率を維持するために補充要員が配置される。

㉔事務手続き，用務（調理，清掃，建物管理）には子どもと過ごす時間とは別に時間が与えられるべきである。

◆保育者の雇用
㉕給与が基準を下回らず，有資格者にふさわしい待遇を行う。
㉖スタッフの60％以上は18歳以後最低3年の専門教育を受けており，資格をもたないものには研修の機会を与える。
㉗すべての保育者は研修を継続する権利がある。
㉘すべてのスタッフは組合に加入する権利がある。
㉙スタッフのうち20％は男性が雇用される。

◆環境と保健
㉚すべてのサービスは全国・地方の保健と安全の基準を満たす。
㉛環境の構成は教育方針を反映し，親・保育者・関係者の見解を前提とする。
㉜子どもだけでなく親と保育者のニーズを満たす。
㉝食事は施設内で用意され栄養的・文化的に適切なものである。

◆親との連携
㉞親は協同し参加するものであり情報は開示される。
㉟サービスは地域社会に密着している。
㊱地域の民族的多様性を反映したスタッフの雇用が行われる。

◆成果
㊲サービスはどれだけ目標を達成したかを報告する。
㊳子どもはどのようなサービスを受けていても定期的にその進歩が検証される。
㊴その検証のプロセスは親や地域の見解を中核とする。
㊵スタッフは客観的評価と自己評価を通して自らの業績を検証する。

から，他の国でも不可能ではないとされたのである。具体的には9つのブロックに分類された40の目標が示された（**資料1-2**）。

　これらの目標は加盟国で目指される最終的なものではなく，標準として示されたものでもない。ピーター・モスは，これらが各国のサービス拡充の手段になることが可能であるという期待を述べつつも，他国の例を引かれることでより低い水準に引き下げられてしまう理由になるかもしれないという危

懼をあらわしている［Moss 1996］。

5　EC保育ネットワーク以後

家庭と仕事ネットワーク

　1994年には15加盟国を代表する専門家，コーディネーター，EUからの代表者から成る新たなネットワーク「家庭と仕事（Family and Work）」が立ち上げられ，1998年まで継続した。その目的は仕事と家庭生活の両立に関する調査，この分野での革新的な実践の情報交換と知識の普及にあった。主に次のような活動に焦点が当てられた。

- 働き方のモデル：労働時間，週・月・年単位の働き方，フレックスタイム，サバティカル，テレワーキング，管理職のモバイル労働時間など
- 職場と保育サービス：職場内保育室，地元の保育所の利用，企業による保育料補助，状況に応じた柔軟な労働時間など
- 家族関連対策：家族関連部署の設置，職場復帰セミナー，ホーム・ヘルプ・サービス，家族救援基金など
- 世代間の連帯：高齢者・病人・障害者のケア，高齢者の労働時間短縮，経験のある年配者による若年者の指導など

　このように保育サービスに焦点づけられたというよりはむしろ，家庭生活全般と職業生活の両立，世代間の協調に活動の対象が広げられた。

　岩上が指摘するように，「女性の労働力化を促進する男女のイークオール・オポチュニティの実現を目指すことから始まり，次第に仕事と家族責任の引き受けとのバランスが問題とされるようになり，さらに，子ども（特に幼児）のニーズ，家族の責任をはっきりと掲げた政策の道をたどってきたことがわかる」のである［岩上 1995］。

　言い換えれば子どもの生育条件の整備にむけて，ひとつは「子どものニーズ」を満たすこと＝子ども自身に対して与えられるケアや教育の充実，もうひとつは「家族の責任」＝男女問わず仕事と家庭生活の調和を果たし子ども

を養育する責任を全うするための条件整備をどう実現するかという，それぞれの視点から2つの路線に分岐していったのである。

就学前教育の強調

1995年，ヨーロッパ委員会の「教育・訓練・青年／人的資源特別委員会（Task Force Human Resources, Education, Training, Youth）」はEURRYDICE[15]の協力を得て『ヨーロッパ連合における就学前教育（*Pre-school Education in the European Union ; Current thinking and provision*）』というレポートを発行している。

このレポートは2部構成になっており，第1部では就学前教育に関するそれまでの研究のレビューが行われた。このレビューでは，以下に示すような2つの大項目のもとに6つの観点から教育活動に注目して，保育の要件の検討が行われた。

a　就学前教育を受けることの影響
  ・就学後の子どもの成功と発達に与える影響
  ・社会への適応とその後の人生での成功に与える影響

b　保育の諸条件
  ・集団の大きさと保育者比率
  ・教育的活動の質
  ・保育者の養成と定着
  ・家庭と連携した教育活動

第2部では，EU諸国における保育制度が就学前教育という観点から叙述されている。前項で述べた，「子どものニーズ」を満たすこと＝子ども自身に対して与えられるケアや教育の充実という方向性に沿ったものであるとい

15）　EUの調査統計機関。

えよう。

6 EC保育ネットワークにみるイギリスの保育サービスの特徴

『ヨーロッパ連合における子どもサービスのレビュー 1990-1995』
　にみるイギリス

　EC保育ネットワーク内では，イギリスの保育サービスは他国と比べてどのようにその特徴を示しているのだろうか。まず『ヨーロッパ連合における子どもサービスのレビュー 1990-1995』にあらわれたイギリスのプロフィールに注目してみる。レビューでは結論としてEU諸国の状況が以下のように記述されている（下線筆者）。

　a　ほとんどの国が3～6歳の児童に対して就学前のスクーリングか幼稚園という形態で，普遍的なサービスを公的な財源のもとに実施しているか，その方向に向かっている。主な例外がアイルランド，オランダ，イギリスである。

　b　3歳以下の児童に対するサービスや学齢期の児童のケアやレクリエーションなどのサービスは国によって程度に差があるが，共通して3～6歳児のサービスよりは供給の水準が低い。

　c　概して，サービスに公的財源が充てられているのがデンマーク，スウェーデンであり，フランスがそれに次ぐ。その反対がアイルランド，ギリシャ，スペイン，イギリスである。

　d　多くの国（デンマーク，ベルギー，フランス，ルクセンブルグ，オランダ，ポルトガル，スウェーデン）は，1980年代後半から90年代にかけて，公的な財源を充てたサービスのいくつかの部門において確実な増大をみせている。このほとんどの場合で政府が大きな役割を果たしている。イギリスでは，私的な，公的財源を受けないサービスが増大した。

　e　デンマーク，スウェーデン，フィンランド，ドイツ，スペインでは，必ずしも十分に需要を満たしていないが，特定の年齢層に公的財源を充

てたサービスを導入または拡大した。
　f　共通してはいないが，いくつかの国では次のような別の進展がみられる。
- 多様なサービスの追求
- 親たちとの連携強化
- ワーカーの研修
- 義務教育開始年齢や時間の改変
- 学齢期の子どものケアやレクリエーションと学校との関係の発展
- サービスを利用する上での親の負担を減ずるための直接給付の拡大または発達

　先にも述べたように，加盟国において全体的な流れとして保育サービスについて公的財源の充当が拡大される方向にある。また3歳以上の就学前の幼児に対する教育サービスは普遍的なものとなっている。にもかかわらず，この2点においてイギリスは大きく立ち遅れをみせている。しかし保育サービスの需要はあるため，私的なサービスは増大している。政府の保育サービスに対する無関心さは，民間または市場の活動によって補われているのである。

『子どもサービスの質的標的』にみるイギリス

　次に『子どもサービスの質的標的』ではイギリスはどう示されているだろうか。先にも触れたように，40の目標が挙げられており，それぞれにすでに加盟国のいずれかで実現されているものが例として引いてあるが，イギリスは3か所で取り上げられている（表1-1）。これをみると，ナーサリー・スクール／クラスでのスタッフの資格水準の高さ，また集団保育，ファミリー・デイケアでのスタッフと子どもの比率の高さは他国に比して優れたものとなっている。また，民間のボランタリーな意思と自治体のサポートによる「コミュニティ・ナーサリー」の実現をみている。

表1-1　EU目標とイギリスの実例の対比

EU目標	イギリスの実例
目標16-20　教育 • 明確な教育理念に基づく一貫した価値観と目標 • 教育理念は親たち，スタッフ，その他のグループにより発展させる。 • 教育理念は広範にわたるものである。 • 明確な教育方法 • 教育と学習環境は個々の子どもの家庭，文化的伝統，信念，宗教，ジェンダーを反映するべきものである。	（ナーサリー・スクール／クラスの：筆者注）幼児教育は，主として3～4歳児対象の半日制であるが，資格のある教師（地位とトレーニングは小・中学校の教師と同等）とアシスタントによって行われている。カリキュラムが明記されており，全国カリキュラムに準じている。文化的多様性に関連した活動，本，他の教材により文化的アイデンティティを涵養する。自由遊びと自己選択を重視する。
目標21　スタッフと子どもの比率 〈グループケア〉 　1歳未満　　　　1：4 　1歳～2歳未満　1：6 　2歳～3歳未満　1：8 　3歳～6歳未満　1：15 〈ファミリー・デイケア〉 　（自分の子どもを含めて）　1：6 以上の比率を下回るべきではない。	〈グループケアの場〉 　0～3歳未満　　　　1：3 　2歳以上3歳未満　1：4 　3歳以上5歳未満　1：8 〈ファミリー・デイケア〉 　自分の子どもを含めて3～5歳に対して 　　　　　　　　　　　　　　1：4 〈ナーサリー・スクール／クラス〉 　3～5歳に対して教師1名と資格のあるアシスタント1名による　2：26（1：13）
目標34-35　親たちと地域 　子どもに対するサービスについて親たちは参画者であり意見表明権をもつ。意思決定のプロセスは親たちとすべてのスタッフと，可能であれば子どもも含んだ参与的なものであるべきである。 　サービスは地域と公式・非公式にリンクするべきものである。 　サービスは地域のエスニックな多様性を反映した雇用の手順を採るべきである。	'コミュニティ・ナーサリー'と呼ばれる，公的財源を得てボランタリー団体が運営している機関がある。働いている親たちには保育を，働いていない親たちのためにはさまざまな教育機会を提供する。親たちとスタッフ，地域の代表により構成された委員会が，経理からスタッフの採用，教育方針に至るまで，ナーサリーの運営を行う。このナーサリーは，ファミリー・デイケアラーや放課後クラブ，ときには高齢者のクラブ等，地域の他のグループともリンクしている。

まとめ

　EC 保育ネットワーク当時のイギリスのチャイルドケアは，一部には先進的な取り組みがみられるものの，全体的には公的保育サービスが未発達なままであった，と表現されよう。

　このプロジェクトの実施により，加盟国内で各国の状況が相互に知られることとなった。プロジェクトを契機に関係者のネットワークが形成され，その後の相互交流と国際比較研究の進展をみたのである。この国際比較という手法は，その後，イギリスにおけるチャイルドケア政策の展開において欠かすことのできないものとなった。

　その理由のひとつとしては，EC 保育ネットワークのコーデーネーターがロンドン大学に所属するピーター・モスであったことが挙げられよう。彼はネットワークのプロジェクトに立場上深くかかわっただけでなく，ＥＣ／ＥＵ諸国との比較という視点からイギリスのチャイルドケアを検討している。

　モスは後に，国際比較の視点をもつことについて「既成概念を廃し批判的な思考をもたらし（なぜわれわれはそうしているのか？），選択肢を広げ（他にどのような可能性があるか？），政策を学び革新をもたらす刺激となる」と述べ，「他国の経験を丸ごと取り入れるのではなく新たな知見を得る」ことにその重要性があるとしている [Moss 他 2003]。

　保育ネットワークのプロジェクト実施当時は，その実績がイギリス国内のチャイルドケアの状況に対し政策的にめざましい変化をもたらすには至らなかった。しかしプロジェクトの「リーグ・テーブル効果」[Moss 1996] はあった。つまり EU 諸国の中で保育サービスの立ち遅れが白日の下にさらされ，イギリス政府に対し「外圧」の役目をある程度果たしたのである。

[文献]

　Commission of the European Communities (1984)　*Day-Care facilities and Services for Children under the Age of Three in the European Community*, Commission of the European Communities.

European Commission Network on Childcare (1995) *The Costs and Funding of Services for Young Children*, European Commission Network on Childcare.

European Commission Network on Childcare (1996) *A Review of Services for Young Children in the European Union 1990-1995*, European Commission Network on Childcare.

European Commission Network on Childcare (1996) *The EC Childcare Network 1986-1996 ; A Decade of Achievements*, European Commission Network on Childcare.

European Commission Network on Childcare (1996) *Quality Targets in Services for Young Children*, European Commission Network on Childcare.

福川須美（1998）「ヨーロッパのファミリー・デイケア―EC保育ネットワーク報告書による問題提起と勧告―」『駒沢女子短期大学研究紀要』第31号，1-13．

保育基本問題検討委員会（2000）「諸外国の実情から，今の日本の子育てと保育のあり方を考える」『保育学研究』第38巻第2号，184-191．

岩上真珠（1994）「ECおよびEC諸国における共働き夫婦の子育てに関する家族政策および社会的・公的支援プログラムの研究」『平成5年度家庭出生問題総合調査研究推進事業報告書』日本愛育研究所，48-87．

岩上真珠（1994）「ECの子育て支援プログラムの理念と戦略」『子ども家庭福祉情報』第8号，48-51．

岩上真珠（1995）「EUの子育て支援政策の方向性」『家族研究年報』No. 20，32-40．

岩上真珠（1996）「EUの新家族政策―男女の職業参加と家族責任―」『時の法令』1528号，70-79．

Kamerman, S. & A. Kharn (1994) *A Welcome For Every Child*, ZERO TO THREE.

木下比呂美（1992）「ECチャイルドケア・ネットワーク専門家セミナー'4歳未満児保育者問題'の結論と勧告」『保育情報』No. 183，10-18．

木下比呂美（1995）「EUにおける'仕事と子育ての両立'政策の展開」『賃金と社会保障』No. 1146．

木下龍太郎・木下比呂美（1990～1991）「EC保育ネットワーク・レポート『保育と男女平等』概要―その1～その8―」および「解説」，『保育情報』No. 159-177．

木下龍太郎（1991）「保育の質とその保障システムの構想」『保育の研究』12号，

24-38.

木下龍太郎（1992）「ヨーロッパの幼児保育―現状と課題―」『幼児保育の初歩』第6章，青木書店．

Lindon, J. (2000)　*Early Years Care and Education in Europe*, Hodder & Stoughton.

Moss, P. (1996)　'Perspective from Europe' in Pugh, G, ed. *Contemporary issues in the Early Years*, 30-50, Paul Chapman and NCB.

Moss, P. 他（2003）Early Years and Childcare International Evidence Project, DfES.

柴山恵美子（1993）『少子化社会と男女平等―欧州五ヵ国に見る現状と課題―』社会評論社．

渋谷敦司（1998）「国連・EUの家族政策と女性政策―ジェンダー視点から見た問題点―」『女性労働研究』No. 33, 16-21．

山田晋（1999）「ヨーロッパ連合における母性保護と保育政策」『海外社会保障研究』No. 128, 28-36．

山本真実（2002）「諸外国における保育サービス―政策的概念と現状―」『少子社会の子育て支援』第4章，東京大学出版会，73-102．

2 EC保育ネットワークの視点から（2）
——男性保育者問題に注目して——

はじめに

　EC保育ネットワークが男性保育者問題に注目したのは，両性間の機会均等とは雇用すなわち有償労働だけでなく，家事・育児・介護等の無償労働の平等な分担を意味するものだからである。つまり，男性が子育て責任のより直接的な部分であるケアを担当することを指すのであり，その観点から男性保育者が注目された。

　EC保育ネットワークの活動の中で特に男性保育者問題に関与したのはスウェーデン，イタリア（エミリア・ロマーニャ地方），そしてイギリスである。スウェーデンはいち早く女性の労働力化を進めた国であり，イタリアのエミリア・ロマーニャ地方も工業化とともに女性の労働力化が進んでおり，いずれも普遍的・公的な保育サービスを発達させている。

　これらに対し女性の労働力化が進みつつも公的な保育サービスを発達させていないイギリスが，同じように男性保育者問題に注目したとき，そこにはどのような特徴が浮かび上がってくるのだろうか。

1　EC保育ネットワークにみる男性保育者への注目

ケアラーとしての男性

　EC保育ネットワークでは，子育てをする父親，男性保育者という「ケアをする男性」について徹底的な討論が行われた。「ケアラーとしての男性」

表2-1 男性保育者に関するセミナーと出版物一覧

セミナー
1990　開催地：グラスゴー（イギリス） 　　　　'ケアラーとしての男性'
1993　開催地：ラヴェンナ（イタリア） 　　　　'ケアラーとしての男性：女性と男性が子育ての責任と喜びを分かち合う文化を目指して'
出版物
1990　『ケアラーとしての男性—セミナーレポート—』
1994　『ケアラーとしての男性：女性と男性が子育ての責任と喜びを分かち合う文化を目指して—セミナーレポート—』
1994　『メディアにみる男性と子育て』
1995　『男性・保育所・子育て』
1996　『保育サービスの中の男性』
1996　『ケアラーとしての男性：女性と男性が子育ての責任と喜びを分かち合う文化を目指して—1993・ラヴェンナ・セミナーからの進展—』

出典：European Commission (1996) *The EC Childcare Network 1986-1996 A Decade of Achievements*

が重大なアジェンダ（議題）となったのである。父親の子育ての実現とそれに向けて保育機関の果たす役割の重要性が認識され，男性保育者の雇用の必要性が主張された。

　男性保育者をテーマとしたものとして，10年間の保育ネットワーク・プロジェクト実施期間に2回のセミナーが開かれ，6種類のディスカッション・ペーパーが発行された（表2-1）。

　1990年イギリスのグラスゴーで開かれたセミナーでは，男性の子育てが取り上げられ，議論の対象となった。1991年にはイタリア，イギリス，デンマーク，ベルギー，スペインの代表者によって「ケアラーとしての男性」をテーマとしたワーキング・グループが保育ネットワーク内で作られている。

父親プロジェクト

　同じころ1990年には，北部イタリアのエミリア・ロマーニャ地方では，「父親であること・母親であること・子どもの世話の分担（Fatherhood, motherhood and sharing the responsibilities in caring for children)」という名称のプロジェクト（以下，父親プロジェクト）が発足していた。これは同地方府の乳幼児サービス局主管でもある EC 保育ネットワークのイタリア代表がイニシアティブをとり，行政・大学研究機関主導で保育機関との連携のもとに実施したものである。

　父親プロジェクトは1990年グラスゴーでのカンファレンスでの出会いを機に，イギリスのペングリーン・センターとの国際共同プロジェクトとなった。エミリア・ロマーニャ地方とペングリーン・センターの国際共同プロジェクトをふまえ，1993年にはラヴェンナで「ケアラーとしての男性」をテーマにセミナーが開かれた。

ラヴェンナ・セミナー・レポート

　1993年ラヴェンナで開かれたセミナーの正確なタイトルは「ケアラーとしての男性：女性と男性が子育てに責任を負い，協同し，応答しあう文化を目指して（Men as Carers : towards a culture of responsibility, sharing and reciprocity between women and men in the care and upbringing of children)」である。このタイトルから，女性と男性が単に子どもの養育の責任を分担するのではなく，子育てをとおして等しく体験を共有し，相互理解することを重視するという意図がみてとれる。

　ラヴェンナ・セミナーでは，父親としてあるいは保育者として子どものケアにより多くの男性がかかわるための方策が焦点となった。すでに行政機関やサービス機関，雇用者や組合によって実施されている休暇制度や教育，メディアの番組，保育機関その他の場所でのプロジェクトの事例が示され，参加国間での比較も行われた。

人生の「黄金の機会」の共有

　ここでは，ラヴェンナ・セミナーのレポートである『ケアラーとしての男性（Men as Carers)』(1993) にみられる見解を引く。セミナーの結論は，以

下のようなものであった。

a 男性が子育てにかかわれるような変革は急務である：男性にとってと同様，女性と子どもにとっても潜在的な利益がある。同時に危険性もあることに対する認識も必要[1]。

b 期待，態度，ふるまいの変革の様相は一様ではないがすでに起こりつつある。

c 男性が子育てに参与することは新しい役割，新しいアイデンティティ，そして新しい男性と女性の関係を意味するが，その過程は複雑でデリケートである。

d 変革は多様な場面で，複相的に起こる（家庭，サービス，職場，より広いコミュニティ）。変化はインフォーマルな実践，交渉，関係性によってもたらされるだけではなく，法律・政策などの公的介入にもよる。

e 変革のポイントは以下のようなものである。
- 変革の過程の分析
- 階級やエスニシティなどの相違の認識
- すでにあるインフォーマルなプロセスやネットワークのサポート
- 女性と男性がより応答的である'人生の黄金の機会[2]'を標的とする。
- 役割モデルを示す。
- 認識と変革には長い時間がかかり継続的なサポートを必要とする。

f 行政機関，雇用者，組合にとっても男性の子育ては課題である。

g セミナーでは子どもに対しての「ケアラーとしての男性」を主張しているが，成人として男性はケアの責任を負っている。それは男性と女性の間，あるいは雇用されているものとそうでないものとの間だけではなく，個人

---

[1] 次項に述べる男性保育者のスウェーデンモデルとも共通することであるが，家庭内での父親による子どもの世話は子どもと遊ぶなどの，いわば「いいとこどり」の傾向が避けがたくあり，母親をよりいっそう世話役に固定してしまう危険性をもつ。

[2] 'golden opportunities in life' の直訳。舩橋 [1998] にもこの語は引用されており，*The changing role of the Male* (Summary of a Report of by the Working Party of for the Role of the Male) 1986, Ministry of Labour, Sweden が出所と推測される。

の成人生活全般にわたっての有償労働と無償労働の再分配を求めるものである。

2 父親プロジェクト―イタリアでの試み―

プロジェクトの背景

　前項で述べたように，1990年には，北部イタリアのエミリア・ロマーニャ地方では，父親プロジェクトが発足していた。

　プロジェクトは父親と母親の役割についての文化を変えることを意図するものであり，ボローニャ（人口40万）とレッジョ・エミリア（人口14万）の2市が参加した。エミリア・ロマーニャ地方はEC内でも有数の経済的に豊かな地域であり，当時10歳以下の子どもをもつ母親の70％が就労しているという，女性の労働力率の高さを特徴としている。すでに0～3歳のための充実した公的保育サービス[3]も提供されていた。

プロジェクトの実施方法

　行政・大学研究機関主導で保育機関との連携のもとにプロジェクトは実施された。まず18人の教育主事と2人の保育士（性別による内訳は男性10人，女性10人）が母親と父親とのグループワークを行うための訓練を受けることから始まり，この訓練には2年間が費やされた。

　1993年には父親・母親が訓練に参加し，1994年には心理学者2名（男性1名，女性1名）のスーパーバイザーを得た。徐々に参加する町やグループが増え，プロジェクトは拡大していった。1995年以降は訓練を経た教育主事のグループが現場のワーカーを訓練し，スーパーバイズを行う段階へと発展し

---

[3]　レッジョ・エミリアのデイ・ケアセンターは，美術教育の優れた実践により，その保育の質の高さが1980年代より国際的にすでに認められていた。近年，日本でもその保育実践はレッジョ・エミリア・アプローチとして保育関係者から注目されている。2001年には東京でエキシビジョンおよびワークショップが開かれた。

ていった。ペングリーン・センターとの国際共同プロジェクトは，1992年このような経緯のなかで実施され，相互訪問や共同調査の成果が1993年のボローニャでのカンファレンスで発表されたのである。

プロジェクトの成果

当該地方は EU でも有数の経済的に恵まれた地域であり，母親の就業率が高く，十分とはいえないまでも [Kamarman & Khan 1994] 公的な保育サービスが発達している。つまり保育は一般の働く親とその子どものために提供されている普遍的サービスであり，特にこの地方においては第2次世界大戦後の強力な親と保育機関の連携という歴史的背景があり，その理念は「次世代の市民の育成」にある。

したがって「父親プロジェクト」の実施に対しても住民サービスの一環として行政が組織的に取り組むことが可能になる。もちろんこの地方の特性がこのような取り組みを可能にしたのであり，同じような取り組みが EU 全体やイタリア全体へ容易に敷衍していくものとは考えにくい。

男性保育者問題という観点からは，このプロジェクトの実施が直接的に男性保育者の雇用を展開したとは報告されていない。男女同数の教育主事を中心としたグループが訓練を受け，現場の保育者を指導するシステムを作ることがこのプロジェクトの主な柱であった。保育サービス局面で，教育主事という指導的立場や心理学者という専門家の立場では男性が雇用され，現場で子どもとかかわるのは女性保育者という構造が両性の機会均等という観点から問い直されたかどうかについては，残念ながら不明である。

3　男性保育者—スウェーデンモデル—

ディスカッション・ペーパーにみる男性保育者像

ラヴェンナのセミナーでは，父親をまずはケアラーとしての男性と位置づけ，論議の対象とした。次に男性保育者問題に焦点が当てられ，保育ネット

ワークよりディスカッション・ペーパー『男性保育者（*Men as Workers in Childcare Services*）』が発行された。これは保育ネットワークのデンマーク代表であるイェッテ・イェンセンにより執筆された。以下，上記のディスカッション・ペーパーにみられる保育ネットワークの見解を引くが，このペーパーはデンマークのメンバーによって執筆されたために，北欧諸国の男性保育者モデルの色合いが強いと考えられるかもしれない。レポートは次のように結論づけている。

　――男性保育者が求められるのは，子ども・スタッフ・親たち・男性の4者相互に利点があるからである。子どもにとって男性と女性の両方の保育者がいることによって，男児や女児の特性が認められ，個性がよりよく発揮できることとなる。また親たちとの交流も女性だけでなく男性の保育者がいることで多様な展開が可能になる。このことはスタッフ間の協働についても同様なことがいえる。男性保育者はまた，男性もケア役割を担えるのであるということを示すことができるのである。

　同レポートにおいてはスウェーデンの事例が取り上げられている。スウェーデンでは，1988年，両性機会均等の観点から男性保育者と女性保育者が同数である保育機関がヨーテボリに設置された。この試みが始まって数か月すると親たち，子ども，女性保育者から男性保育者は肯定的に受け入れられることがわかった。

「おいしい」部分をとる男性保育者

　男性保育者は子どもと遊ぶことやプランニングにより多くの時間を費やし，実際的な業務（ケアにかかわる部分やルーティン・ワーク）は女性保育者が引き受けることが多くなることが観察された［Jensen 1996］。

　このことは男性保育者と女性保育者が同数となっても必ずしも業務内容まで公平に分担されるとは限らないことを示している。卑近な表現を用いれば，保育の「おいしい」部分だけを男性保育者はとるという指摘である。この状況は図2-1のようにあらわされよう。

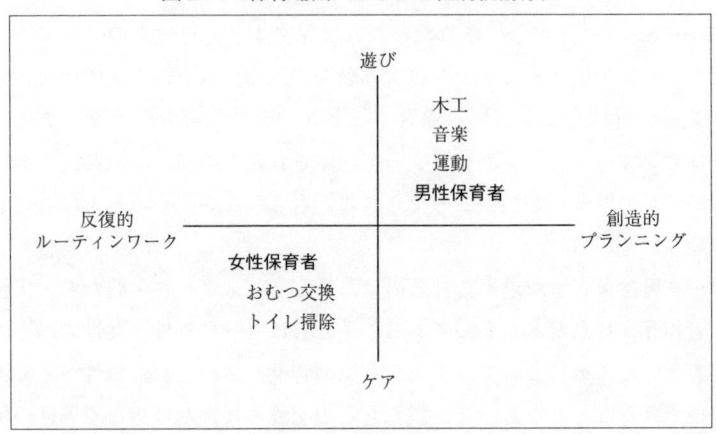

図2-1 保育場面にみられる性別役割分担

```
                    遊び
                     │
                    木工
                    音楽
                    運動
                  男性保育者
   反復的             │             創造的
  ルーティンワーク ─────┼───── プランニング
                 女性保育者
                 おむつ交換
                 トイレ掃除
                     │
                    ケア
```

　また，このスウェーデンの事例の結論において「男性はたとえ女性の職業についても女性とは違う」「従属と忍耐，忠誠心を特徴とする女性と異なり，男性は賃金と継続教育に伴う昇進の可能性を求める」(傍点筆者)と述べていることに注目したい。この記述は家族賃金の存在，性差を前提としておりジェンダー差別の容認に他ならないであろう。「性差」についての判断は慎重を要することであり，このような無造作ともいえる表現がレポートの導入部分におかれ，先に引いた全体の結論と同じレポートの一部をなしていることに違和感を覚えずにいられないのである。

機会均等の理念と現実のギャップ

　前項の記述は，スパイクスのスウェーデンにおける女性の「解放」(あるいは労働力の強制)は男性支配・男性優位の労働市場の中で行われたという指摘 [Spakes 1995] に通じる。スウェーデンでは女性の労働力化および両性の機会均等が進んでいるという印象が一般的にもたれているかもしれない。しかしパートタイム就労の割合が男性は5.6%であるに対し女性は22.0%，またパートタイム職の78.1%が女性によって占められるという事実からも

[OECD 2000]，ジェンダー間の機会均等が達成されているとはいいがたい。スウェーデンの事例が示す結論は，機会均等の理念追求と男性保育者自身の意識との小さからぬギャップの存在であろう。

　北欧諸国の男性保育者モデルは，社会が女性の労働力化を前提にしており，女性が子どもの産み育てと就業の両立を可能にするために，男性と家庭責任を分担することが政策的に後押しされていることを背景として成立している[Spakes 1995]。両性の機会均等は人口政策のひとつの戦略であり，その理念としては，機会均等の実現のために男性の意識改革が不可欠となる。

　家庭外の集団保育は女性の就労のために社会的に必要なシステムであり，男性保育者の導入は両性の機会均等の具体的な一戦略とみえる。だが，保育職のジェンダー化の解消およびジェンダーのステレオタイプの解消へと向かうものであるかどうかはさらに検討を要するであろう。

　このような理念と現実とのギャップが存在するにせよ，北欧諸国においては両性の平等に関しての理念が尊重され，子どもの養育を社会全体が支援していくことについてのコンセンサスが存在しているといえる。デンマークやノルウェーでは，実際には少数であるとはいえ，男性保育者という考えは広く受け入れられている [Cameron et al. 1999, Jensen 1996] ことはやはり注目に値する。

4　イギリスの男性保育者問題の特徴

【事例1】ペングリーン・センターの父親サポートシステム

エミリア・ロマーニャ地方との国際プロジェクト

　保育ネットワークの進行に伴い，イギリスのペングリーン・センターが父親の子育ておよび男性保育者問題の観点から注目を浴びた（前述）。これはセンターが1983年に設置されて以来の，親たちをセンター運営に巻き込むという取り組みが評価されてのことである。

とはいえ母親たちを運営に巻き込むことにはほどなく成功したが，父親は除外されがちであった。そこでジェンダー問題についての研修と父親も巻き込んでいくための取り組みがなされ，それが男性スタッフの雇用のきっかけとなった。このことが保育ネットワークの活動のひとつでもある，「父親の子育て」をテーマとしたイタリアのエミリア・ロマーニャ地方との国際的なプロジェクトへと発展していったのである。

ペングリーン・センターの概要[4]

1983年，イングランド中部のコービィというタウンに，ノーサンプトシャー・カウンティから財源を与えられ，ペングリーン・センターが発足した。センターは教育局と民生局，地元の保健所による運営で6人のスタッフと50人の子どもという陣容で，マギー・ウォーリーをディレクターとした[Whalley 1994]。

現在，センターで子どもに直接かかわるスタッフはすべてファミリー・ワーカーと呼ばれ，1人のファミリー・ワーカーが10人程度の子どもとその家族を担当する。ファミリー・ワーカーは担当した子どもの家庭訪問を行い，家族の状況を把握する。センターのスタッフ開発プログラムは表2-2のとおりである。

ペングリーン・センターでの父親の参与と男性スタッフ

センターでは，まず，①父親が子育てに積極的にかかわることが増えつつあるならばそれは子どもにとってどんな意味をもつか，②子育てに父親がかかわることの必要性があるならば，女性が大多数を占める保育従事者はどのようにしてその目標を達成することができるか，という問題提起がなされた[Chandler & Dennison 1997]。

エミリア・ロマーニャ地方との国際交流プロジェクトの開始にあたり，①

---

4) 筆者は2000年9月にセンターを訪問し，ヒヤリングを行った。

表2-2 ペングリーン・センター・スタッフ開発（研修）プログラム

時　期	内　容	対　象
第1段階	リスニング・スキル カウンセリング 家族ダイナミクス 家庭訪問 親との共同	NNEB，教師，サポートスタッフボランティア相当者
第2段階	アサーティブネス（自己主張） グループワーク 結婚カウンセリング 同僚との境界	全スタッフ 成人グループを対象とした他機関から異動してきた同僚
年間プログラム	ジェンダー問題 人種問題 暴力 応急処置	全スタッフ
子ども関係 （進行中）	児童心理学と児童発達 幼児教育カリキュラム 問題をもつ子どもへの対応 査定 教育モデルに基づく記録法 福祉モデルに基づく記録法 児童虐待／児童保護	全保育スタッフの計画的・個人的プログラムの一部として
新制度への対応 （発令時）	NHS白書 ナショナル・カリキュラム 子ども法	適宜
協同についての研修 （進行中）	他機関との協同 ボランティアとの協同 管理，チームづくり スーパービジョン／報奨	全スタッフ

出典：Whally, M. (1997) より作成

父親がセンターを利用するにはどうしたらよいか，②何が他にできるか，という2つの疑問が出された。これらは物的環境とドキュメンティションの改善という2点に絞られ，ジェンダー問題についての長期的な職場内研修と実践研究の必要性が認識された。

　室内に父親の写真を掲示したり，また「親（parent）」という表現から「父」「母」に変え，両親の就労時間についての情報を得て，両親が参加で

資料2-1　ペングリーン・センターの設立からの経緯

現在のセンター

　ペングリーン・センター全体はナーサリーだけでなく，他に成人教育や家族支援等複数のソーシャルサービス拠点，学童保育，私立のデイ・ナーサリー，ならびに研究所を擁した，地域の多機能福祉センターに成長した。現在スタッフは35人で500家族が利用している（2000年現在）。もと総合制中学校であった大きな建物が改造されたことによる，恵まれた空間がセンターにおける保育および家族支援の重要な背景を成している。

　また，ペングリーン・センターは，「教育重点地域（Education Action Zone）[5]」，「保育重点センター（early excellence centre）[6]」，「確かなスタート（Sure Start）[7]」等，政府主導の複数のプロジェクトに関与している。これらの財源がセンターの保育・家族支援展開にあたって大きな役割を果たしている。だがこのような成長に至るまでの道のりは決して平坦なものではなかった。

設立当初

　1983年，センター設立の当時，その地であるイングランド中部のタウン，コービィは不況のさなかであった。男性の43％は失業しており，栄養不良と劣悪な住環境，高い乳幼児死亡率が若い家族の生活を脅かしていた。

　若い両親と子どものための公的なサービスは最少限しかなく，援助を必要とする家族に対する伝統的なボランタリー・サービスはほとんどなかった。親たちが幼児教育や保育，勉強のための一時的な休職を選択することはできず，公的，私的，ボランタリー・セクターのサービスが提携しようにもサービスの供給そのものがほとんどなく不可能であった。唯一私立のデイ・ナーサリー，少数の登録チャイルド・マインダー，少数のプレイグループが存在するだけであった。福祉子どもセンターもあるにはあったが，地域の親たちからは「問題のある家族」にとってだけのものであると受け止められていた。

地域のニーズの掘り起こし

　そもそもセンターは総合制中学校が廃校となった校舎を利用するものであったが，中学校の廃止に対し地域では強い反感がもたれており，センターの発足は決して好意をもって迎えられたものではなかった。スタッフは任命されてから後，実際に校舎の

---

5)　貧困地域の教育振興策。
6)　幼児教育と保育，保育者養成，ファミリーサポートを行うモデル機関。5章参照。
7)　貧困地域の，母子保健のサポートプログラム。5章参照。

改築が行われてサービスが開始されるまでの数か月間を，ヒヤリングを通して地域のニーズの掘り起こしを行うことに費やした。そしてセンターはコミュニティの強い関与をもってスタートし，スタッフの人選から任命も地域住民の参加によって行われた。

スタッフの協同

センターは先にも述べたように，貧困地域において就学前保育サービスを提供することを目的としていた。つまり教育サービス，ソーシャルサービス，保健サービスという3つの異なるサービスが統合された形態と機能が期待されていた。そこで，教育，福祉，保健等，それぞれのバックグラウンドをもつスタッフを雇用することから始まったが，異なるバッググラウンドと異質な経歴をもつスタッフ間の協同も容易に成立するものではなかった。運営に関してはスタッフ間で意見調整と職場内研修のシステム作りが徹底して行われた。学歴や職歴，領域が異なるスタッフの間での職務上の待遇や職名の調整には多大の労力と忍耐が費やされた [Whally 1996]。

研修の重要性

そのために必要な研修が行われ（表2-2），ワーカーにとっては自分の仕事の意義を見出すためにも研修は不可欠であった。つまり，就学前の子どもにかかわる仕事は社会的な地位が低いものであり，ともすれば意欲を失いがちだからである。ペングリーン・センターはワーカーに研修の機会を与え，仕事の重要性を認識させるとともに自己評価を高めさせ，キャリア・アップへの足がかりを与えた。研修のために生じたスタッフの不在については，他のスタッフによって穴埋めされた。親たちは，スタッフの一時的な不在は良い結果となって子どもに現れることを理解するようになった。

ランチタイムの利用などあらゆる機会をとらえて研修の機会がもたれたが，センターが発足してから8年後，さらなる充実のため週半ばのブレイクが設定された。水曜日にはナーサリーは地域に開放され，待機者や養子縁組をした親子，チャイルド・マインダー[8]が利用した。午後はスタッフ全員参加によるミーティングが行われた。

親のエンパワーメント

このような環境のもと，スタッフは研修やリサーチに取り組み，保育の質的向上とスタッフ自身のキャリア・アップを実現させていったのである（図2-2）。センターとコミュニティの深いかかわりは親たちのニーズをつかみ，センター運営への参画や成人教育の機会や交流の場が設けられることなどを通して親たちのエンパワーメントをも可能とした。

---

8) イギリスでのファミリー・デイ・ケアラーの呼称。

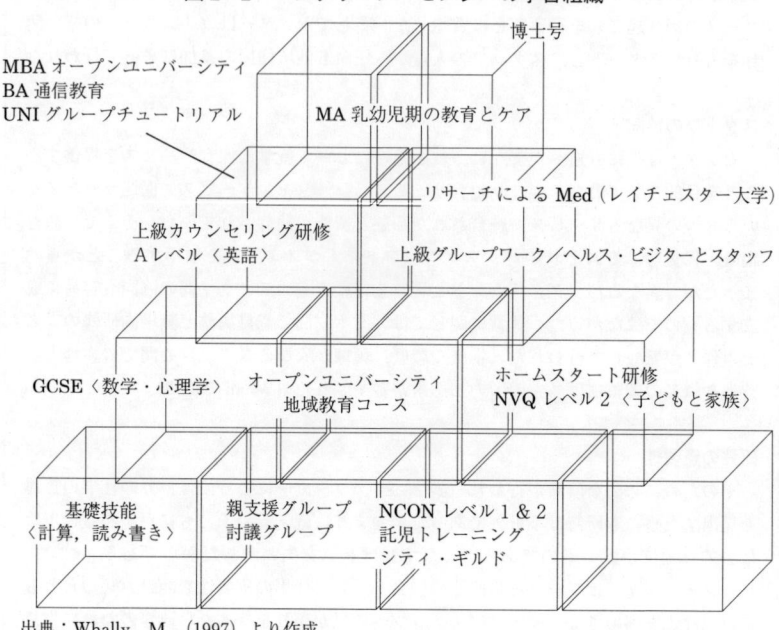

図2-2 ペングリーン・センターの学習組織

- 博士号
- MBA オープンユニバーシティ
- BA 通信教育
- UNI グループチュートリアル
- MA 乳幼児期の教育とケア
- リサーチによる Med（レイチェスター大学）
- 上級カウンセリング研修
- Aレベル〈英語〉
- 上級グループワーク／ヘルス・ビジターとスタッフ
- GCSE〈数学・心理学〉
- オープンユニバーシティ地域教育コース
- ホームスタート研修
- NVQ レベル2〈子どもと家族〉
- 基礎技能〈計算，読み書き〉
- 親支援グループ 討議グループ
- NCON レベル1＆2 託児トレーニング シティ・ギルド

出典：Whally, M.（1997）より作成

きる時間帯にミーティングを設定したりした。また子どもを連れてきたときの親たちとスタッフのやり取りをビデオ撮影し，その内容を分析することはスタッフと父親の関係を改善する上で有効であった。このとき，スタッフの中に男性がいることが，父親たちのセンターへのアクセスを容易にしたのである。

研修の意義

　ジェンダー問題についての研修はペングリーン・センターのスタッフが父親について自分自身の経験を語ることでもあり，スタッフ相互の信頼と熟練したトレーナーの存在あってのことであった。この研修の結果，スタッフはセンターを利用する父親たちに予断をもつことなく接することができるようになった。

2　EC保育ネットワークの視点から（2）　45

図2-3　ペングリーン・センターの父親サポートシステム

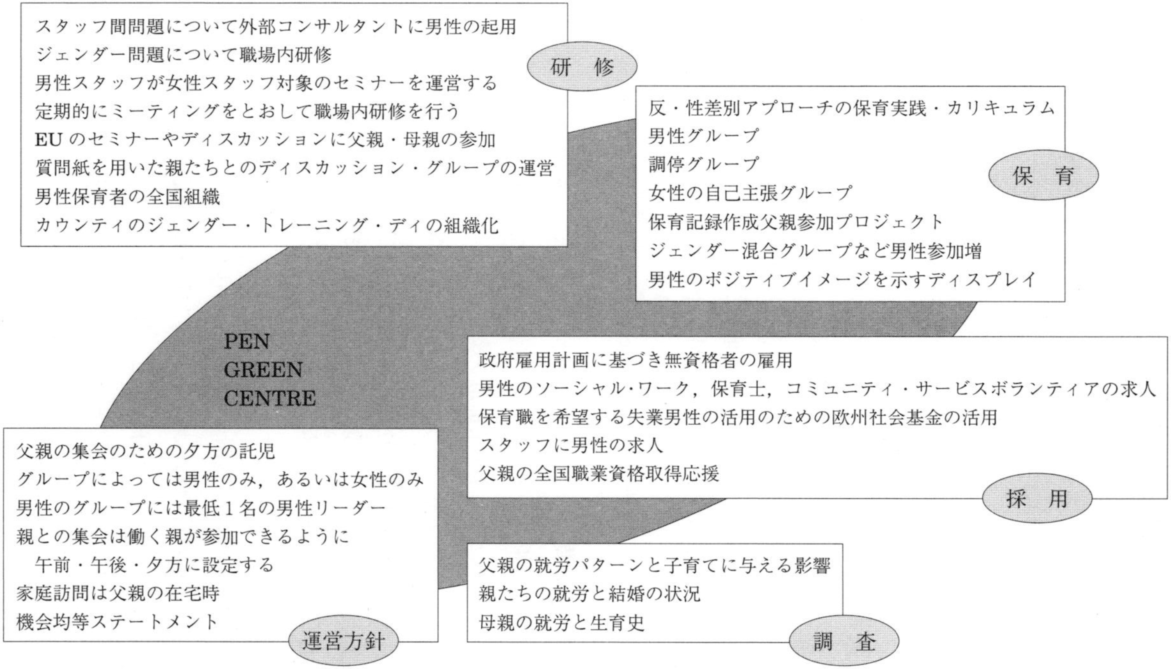

研修
- スタッフ間問題についで外部コンサルタントに男性の起用
- ジェンダー問題について職場内研修
- 男性スタッフが女性スタッフ対象のセミナーを運営する
- 定期的にミーティングをとおして職場内研修を行う
- EUのセミナーや女性ディスカッションに父親・母親の参加
- 質問紙を用いた親たちとのディスカッション・グループの運営
- 男性保育者の全国組織
- カウンティのジェンダー・トレーニング・デイの組織化

保育
- 反・性差別アプローチの保育実践・カリキュラム
- 男性グループ
- 調停グループ
- 女性の自己主張グループ
- 保育記録作成父親参加プロジェクト
- ジェンダー混合グループなど男性参加増
- 男性のポジティブイメージを示すディスプレイ

採用
- 政府雇用計画に基づき無資格者の雇用
- 男性のソーシャル・ワーク、保育士、コミュニティ・サービスボランティアの求人
- 保育職を希望する失業男性のための欧州社会基金の活用
- スタッフに男性の求人
- 父親の全国職業資格取得応援

調査
- 父親の就労パターンと子育てに与える影響
- 親たちの就労と結婚の状況
- 母親の就労と生育史

運営方針
- 父親の集会のための夕方の託児
- グループによっては男性のみ、あるいは女性のみ
- 男性のグループには最低1名の男性リーダー
- 親との集会は働く親が参加できるように午前・午後・夕方に設定する
- 家庭訪問は父親の在宅時
- 機会均等ステートメント

PEN GREEN CENTRE

あるいは父親たちの就労や子育てのパターンをインタビュー調査することにより，スタッフは父親のおかれた状況や父親としての自負を深く理解することが可能になった。このことはスタッフと父親の協力関係を容易にした。

これらの取り組みの全体像を示したものが図2-3である。男性保育者の存在は十分に意義あるものにせよ，多角的な取り組みなしにはその有効性が十分に発揮されえないことが理解できる。

すでにセンターでは発足後初期の段階で運営に関してスタッフ間で意見調整と職場内研修のシステム作りが徹底して行われていた。学歴や職歴，領域の異なるバックグラウンドをもつスタッフの間での職務上の待遇や職名の調整に多大の労力と忍耐が費やされた［Whally 1996］。国際プロジェクト成立の背景として，このような過程を通して機会均等の信念のシステムが強固なものとして形成されていたことを見逃すことはできない。

【事例2】シェフィールド・チルドレンズ・センターの男性ワーカー雇用

センターの概要

シェフィールド・チルドレンズ・センター[9]（以下，SCC）は，イギリスのほぼ中央部に位置する工業都市シェフィールドの市の中心部にある。現在のサービスは，乳幼児の保育，学童保育（15歳まで），チャイルド・マインディング，託児，各種医療・保健，心理治療，各種自助グループの支援など，細かく数え上げると50種類以上に及ぶ（表2-3）。これらのうちのひとつが全国男性保育者支援ネットワーク活動を含む，「ケアラーとしての男性」を支援する活動である。

SCCはチャリティ機関の範疇に含まれるが，独立した財政のもとに協同体として運営が行われ，地域の多様性を反映して多角経営・複数の連携を行っている。センターは子どもと家族に対するサービスこそが機会均等の根本原理であるという信念に基づいて運営されている。週7日，午前8時から

---

9) 筆者は2001年9月にSSCを訪問し，ヒヤリングおよび資料収集を行った。

表2-3 シェフィールド・チルドレンズ・センターの提供するサービス一覧

保育関係：保育（102定員），学童保育（早朝・放課後・休暇中）チャイルド・マインダー計画，託児
医療関係：地域小児科医療相談，物理療法・整骨・足治療，健康促進，子どもフィットネス，栄養・食生活・外科，フィットネス一般，メンタルヘルス（カウンセリング，芸術療法，遊戯療法，箱庭療法），文化的アイデンティティ支援（グループ・個人），メンタルヘルス支援グループ，医療訪問支援，運動による健康促進，苦痛軽減・ターミナルケア，薬物中毒患者の家族支援，その他（女性の健康，HIV支援，男性の健康）
子どもと家族関係：親業，家庭訪問，研修・ワークショップ，多文化教材（本，おもちゃ），ビデオ・フィルム政策，遊びトレーニング，休暇計画，保健訪問員セッション，緊急・継続援助，言語・コミュニケーション支援，啓発，福祉相談，法律相談，生活用品バンク，借入金制度，LETS計画，芸術工芸グループ，連絡センター，社会的活動
治療／ソーシャルワーク的支援サービス：犯罪者とその家族の支援，ケアラーとしての男性支援，スペシャル・ニーズ対応，メンタリング活動，コンサルタント（家族，人種，ジェンダー，人権問題に関して），ビジネス支援，人種・ジェンダー差別関連活動，子ども委員会，ホームレス・難民支援，職業訓練，ひとり親グループ，ドメスティック・バイオレンス被害者支援
その他：服喪（死亡と葬儀関連）サービス，（宗教・道徳活動），海外交流，高齢者サービス，美容，子どもの芸術文化国際交流

午後10時まで，年間通して開所されている。SCCは市のもっとも貧困な地域に位置し，住民の人種的，文化的背景は非常に多様であり，英語を第2言語とする子どもが常に在籍している。

スタッフ雇用と環境

　スタッフの雇用にあたっては女性50%，男性50%という比率で採用を行う。多様なサービスを提供する機関であるため，スタッフのバックグラウンドは教育，福祉，心理学と多様なものとなる。センターの運営は地域・利用者・スタッフにより構成されるコミッティ（委員会）が行うが，その中での上下関係は緩やかである。

　保育の物的環境についてSCCの特徴を指摘するならば，男性が子どもと接している場面の写真が多く掲示されていることである。それによって男性のケアラーとしての側面を意識的に強調している。また，スタッフの文化的

多様性は著しい特徴であり，これはセンターの提供する活動の多彩さ，地域の文化的多様性と深く関連している。

男性ワーカーの採用について

SCC が男性ワーカーを採用することについての方針を打ち出したのは 1985年のことであり，1989年には組織として雇用の比率を男性50％，女性50％とする方針を確定した。それは両性の機会均等の理念に基づき，ほぼ女性によって占有されている保育職へ男性の雇用機会の拡大と労働環境の整備を含めてその就業を保障するという意図から出発したものであった [Meleady 1998]。

だが SCC は基本的に子どものケアと教育，家族支援の場である。その主旨からして男性のケアワークへの参入という意義のみで男性ワーカー雇用の方針が決定されることは不可能であろう。男性ワーカーの雇用が子どもと家族にとって意味があるものと認められることが必要であり，その必要がスタッフ，保護者，年長の子どもの参加により認められた上で方針が決定されたのである。以下がその方針の根拠であった。

- 肯定的なジェンダー役割モデルを推進する。
- ジェンダーのステレオタイプを問い直し，打ち崩す。
- 子どものケアに関してジェンダーの平等を推進する。
- 男性によってアビュースを受けた子どもに，それに代わる肯定的なジェンダー間の交流の機会を与える。
- ひとり親家庭の子どもにいずれかのジェンダーによるケアを特に経験させる。
- 家庭で同一のジェンダーによるケアを配慮する（レズビアン，ゲイの関係／家族背景）。
- 全員にとっての機会均等を推進する。

このように，男性ワーカーの導入は，雇用されたワーカーにのみ益するのではなく，センターの利用者である子どもや家族にとってもまた益するもの

であることが大前提とされたのである。

保育者としてのトレーニング

　採用された男性には保育ワーカーとしての訓練が必要であり，養成コースへの入学のための予算が組まれた。その後の現職研修なども含め，現在男性ワーカーは以下の資格を持っている。
- 教師コース修了（PGC）
- ソーシャルワーカー（DiSW）
- 保育士（NNEB）
- 遊び／学士（BA　Playwork）
- 教育／学士（DipBE　Playwork）
- 上級遊び指導員（Advanced Certificate in Playwork）
- 保育・教育部門全国職業資格レベル3
　　　　　　　　　　　　（NVQLevel3　Childcare and Education）
- 修士号（MA）
- 博士号（PhD）

　男性ワーカーに限らず，SCCではトレーニングは本質的なイークォライザー（平等を推進する手立て）であり，個人的にも組織にとってもその発達にとって必要なものであると考えられている。

子どもの人権と男性保育者

　SCCは先のペングリーン・センターと同様，その優れた実践から保育重点センターの指定を受けている。保育重点センターの多くは貧困地域に位置し，SCCもまたその例外ではない。このような地域において必要とされるのは，住民に対するエンパワーメントであり，医療・福祉・社会教育・保育等総合的な家族支援を行うことである。また，こと保育サービスは親の就労支援とともに，貧困の再生産を防止するための子どもの教育機会としてきわめて重要なものとなる。

子どもの教育にあたっては個々の子どものもつ多様な文化的背景が尊重され，セルフ・エスティームが涵養されなくてはならない。民族の違い，文化の違いを超えて子どもとして人権を尊重されるという基盤が強固なものとして確立されなくてはならず，そのような目的を果たすためにはスタッフ間のジェンダーによる差別の存在も許されるべきではないのである。

そのような信念の下に SCC ではスタッフの半数を男性が占めているのであるが，男性保育者がいることによる違いとして，以下の点が挙げられている [Elslami, Y. et al 2001]。

- 子どもと大人の利用者に肯定的役割モデル
- スタッフ間の協力の高まり
- 男性のサービス利用の増加
- 肯定的な反応
- よりくつろいだ雰囲気
- アビュースを受けた子どもが男性に対する恐怖を忘れる
- 女児の運動遊びや技術的な遊びの増加
- 男児の自己表現の増加
- 男児の攻撃的な行動の減少
- 同性愛のカップルによるサービス利用の増加
- 女性からアビュースを受けた男児が男性といることで安心し，打ち解けてくる。

なお，児童保護に関しては，男性保育者自身が誤った嫌疑をかけられることのないよう予防策が必要である。女性によるアビュースも他の事例で報告されており，保育者が女性であるか男性であるかを問わず，児童保護は最優先されなくてはならない課題のひとつである。たとえば SCC では乳児のおむつ交換の際は必ずもうひとりのスタッフを立ち合わせ，記録を行っているが，これは児童保護と同時にワーカーが不当な嫌疑をかけられることがないよう，人権擁護としての意味をもつものである。だが，おむつ交換をするスタッフが同僚からの監視を受けること，子どもの立場からすればふたりの大

人から見守られてのおむつ交換という経験は,いずれも自然なものであるとはいえないが,現時点ではやむを得ないことであろう。

ま と め

男性保育者問題の観点から見たイギリスのチャイルドケアの特徴

公的保育サービスがイギリスにおいては普遍的サービスではなく,社会福祉という文脈においてニーズのある家族を対象とするものであるという特徴が,男性保育者の位置づけにより,いっそう浮き彫りにされた。たとえ個別の機関で先進的な取り組みが行われたとしても,男性保育者雇用についての制度的な裏づけを得てのことではない。

だが先進的な取り組みはまた,民間の強力なリーダーシップの存在で地域のニーズに応じた個別的・実際的なサービス形態を創出することができる。あるいはチャイルドケアにまつわる新たな価値観の創出にもつながる。

ペングリーン・センター,SCC の事例は,その好例である。これらのセンターでは地域のニーズに適合したサービスを創出し,そのサービスを可能にするために地域住民をチャイルドケアに参与させるとともに,ワーカーにはサービス供給のためのトレーニング機会を与えキャリア・アップをはからせ,保育サービス従事者としての誇りをもたせた。チャイルドケアを核としたコミュニティの活性化が実現したのである。

男性保育者の北欧モデルとイギリスモデルの比較

では保育ネットワークで取り上げられた北欧の男性保育者モデルと,イギリスのペングリーン・センターと対比させてみよう。

北欧モデルとイギリスモデルを対比してみると,男性保育者問題はきわめて複相的であることがわかる。北欧諸国のように家庭外での保育が普遍的なサービスであり,その必要性に対して社会的コンセンサスが成立しているところでは男性保育者の導入に対する抵抗感は少ないが,女性優位の職種に男

性を導入することにより,「両性の特徴」は既存概念の枠にとらわれたまま,性的役割分業のさらなる強化が行われる危険性が認められる。

それに対し,イギリスのように家庭外保育に対し社会的評価が低く,公立の保育サービスは「ニーズのある」場合に限られるところでは,ペングリーン・センターでの事例にみられるように,男性保育者の導入は必要に迫られた個別機関での実践のレベルにとどまるかもしれない。しかしながら徹底した両性の機会均等に向けての意識改革が実行される。また,センターの運営に親を巻き込むことは,何らかの社会福祉的援助を必要とする家族に対する支援であり,子どもの養育を核として,失業や虐待等何らかの問題をもつ親に対してのエンパワーメントの効果を果たす。男性保育者の雇用はこの過程においてその必要性が生まれ,実行されたのである。

[文献]

Bruner, J. (1979) *Under Five in Britain*, Grant McIntyre.

Camelon, C., Moss, P., Owen, C. (1999) *Men in the Nursery: Gender and Caring Work*, Paul Chapman Publishing.

Chandler, T. and Dennison, M. (1997) 'Daring to Care—Men and Childcare' in Whally, M. (ed.) *Working with Parents*, Hodder & Stoughton, 144-161.

European Commission (1993) *Men as Carers*.

European Commission (1995) *Fathers, Nurseries, and Childcare*.

European Commission (1996) *The EC Childcare Network 1986-1996 A Decade of Achievements*.

舩橋惠子 (1996) 「EUの男性変革戦略―男性の子育て促進に向かって―」『時の法令』1530号, 58-67.

舩橋惠子 (1998) 「育児休業のジェンダー効果―北欧諸国における男性の役割変化を中心に―」『家族社会学研究』No. 10(2), 55-70.

林瑞枝 (1996) 「ヨーロッパの統合は女性の地位をどう変えようとしているか」『時の法令』1520号, 55-64.

岩上真珠 (1996) 「EUの新家族政策―男女の職業参加と家族責任―」『時の法令』1528号, 70-79.

Jensen, J. J. (1996) *Men as Workers in Childcare Services*, European Commission.

Makins, V. (1997) 'Pen Green Centre for under fives and their families, Corby' in *Not Just a Nursery... Multi-agency early years centres in action*, National Children's Bureau, 133-146.

Kamerman, S. B. & Khan, A. J. (1994) 'England' in *A Welcome for Every Child: care, education, and family support for infants and toddlers in Europe*, ZERO TO THREE, 61-73.

Kamerman, S. B. & Khan, A. J. (1994) 'Italy' in *A Welcome for Every Child: care, education, and family support for infants and toddlers in Europe*, ZERO TO THREE, 45-58.

木下比呂美（1997）「男性保育者の増大は，世界的保育課題となっています」『「保父」と呼ばないで―これからのゆたかな保育のために―』かもがわブックレット，46-47.

OECD（2000） *Outlook Employment.*

岡伸一（1999）『欧州統合と社会保障―労働者の国際移動と社会保障の調整―』ミネルヴァ書房．

汐見稔幸（1997）「男性保育者待望論！」『「保父」と呼ばないで―これからのゆたかな保育のために―』かもがわブックレット，34-35.

Spakes, P. (1995) 'Woman, Work, and Babies: Family-Labor Market Policies in Three European Countries', *AFFILIA*, Vol. 10, No. 4, 369-397.

Whally, M. (1996) 'Working as a team' in Pugh, G. (ed.) *Contemporary Issues in the Early Years: Working collaboratively for children-2nd ed.*, Paul Chapman Publishing, 170-188.

Whally, M. (1997) *Working with Parents*, Hodder & Stoughton.

3 福祉国家レジームの視点から

はじめに

　エスピン-アンデルセンが自由主義，保守主義，社会民主主義という3つの福祉国家のレジームを描き出した後[1] [Esping-Anderson 1990]，福祉国家類型論およびレジームという概念は著しい発展をみた。セインズベリーは「レジームはルールや規範の複合体である」とする [Sainsbury 1999]。これに従えば，イギリスという国の福祉国家としてのありようは，またチャイルドケアをも規定しているのではないか。そこでイギリスのチャイルドケアの特徴の基底にあるものは何かを探るために，本章では福祉国家レジームという概念に注目した。

　EC 保育ネットワークのコーディネーターであったモスによっても福祉国家の3つの類型が注目され，工業先進国のチャイルドケアの類型化を用いて，

---

1) エスピン-アンデルセンによれば，3つの類型は以下のように説明される。まず，自由主義的福祉国家とは自由な市場こそが最大数の市民に福祉をもたらし，市場の失敗が生じたときのみ国家が福祉的給付をもって介入するものであり，給付の多くには所得制限と社会的スティグマを伴う。アメリカはその典型であり，カナダとオーストラリアもこのカテゴリーに含まれる。2番目のクラスターは教会の強い影響のもとに協同的・国家統制的伝統により特徴づけられる。家族のブレッドウィナーが福祉の受給者であり，既婚女性は自身の年金や失業給付といったどのような権利からも除外されている。ドイツがその典型とされ，オーストリア，フランス，イタリアもこのグループに属している。3番目の社会民主主義的福祉国家とは福祉と雇用の混合に特徴があり，その成否は完全雇用の達成にかかっている。スウェーデンがその典型であり，他の北欧諸国——デンマーク，ノルウェー，フィンランド——もこのカテゴリーに含まれる。

チャイルドケア政策の国際比較が行われている [Moss 他 2003]。

本章ではチャイルドケアと福祉国家レジームについての理解を深めるために，グスタフソン，ゴーニックの先行研究を引いた。つぎに18の OECD 諸国のチャイルドケアのデータを用い，エスピン-アンデルセンの類型論の根拠となった脱商品化の概念を手がかりとし，チャイルドケアと福祉国家レジームの関係を探った。それらをふまえ，福祉国家レジームの視点からイギリスのチャイルドケアの特徴を示す。

1 福祉国家研究のジェンダー化

1990年代のはじめ，エスピン-アンデルセンによって示された福祉国家類型論に触発されフェミニスト研究者らによる福祉国家研究のジェンダー化が展開された。チャイルドケアに関しては，グスタフソンがスウェーデン，オランダ，アメリカの3か国の保育サービス，公的助成，およびそれらが年少児をもつ母親の労働供給に及ぼす影響を比較し，エスピン-アンデルセンの資本主義福祉国家の3つの類型が適用できるとした [Gustafsson & Stafford 1994, Gustafsson 1994]。

チャイルドケアは母親の就業と大きくかかわるが，福祉国家レジームと母親の雇用の関係を実証的に検討したものとして，ゴーニックの一連の研究を挙げることができる。ゴーニックは，グスタフソンがエスピン-アンデルセンが母親と子どもに焦点を当てた政策を無視していることを指摘し，LIS[2]に依拠し豊富なデータを駆使して同じ類型の中に分類される国々の中での変異を明らかにした [Gornick et al. 1996a, 1996b]。同時に[3]アメリカのチャイルドケアに対しての政策的含意を得る手段として3つの類型論は有効であるとして支持している [Meyers & Gornick 2000]。

---

2) =Luxembourg Income Study
3) A Consultative Meeting on International Developments in Early Childhood and Education and Care, 2000.

2　グスタフソンによるチャイルドケア・レジーム

3つの類型の特徴

　グスタフソンは1980年代中・後半のスウェーデン，オランダ，アメリカの3か国の保育サービス，公的助成，およびそれらが年少児をもつ母親の労働供給に及ぼす影響を比較し，それらの違いを説明するにあたってエスピン-アンデルセンの資本主義福祉国家の3つの類型が適用できるとした。なお，エスピン-アンデルセンによればオランダは保守主義的福祉国家のグループのリストには挙げられているが，典型的であるとはされていない。だがグスタフソンは強いキリスト教の影響に注目して，このクラスターの代表としてオランダを取り上げた。3つの国は過度の一般化を戒めつつも次のように説明されている　[Gustafsson & Stafford 1994, Gustafsson 1994]。

社会民主主義レジームのチャイルドケア

　スウェーデンや北欧諸国では育児休暇や保育サービスは重要で普遍的なものと認識されており，基本的な生活水準の一部となっている。

　スウェーデンでは子どもをもたずに働く場合は重要な利益を失うことになり，働かずに子どもをもてば低い生活水準に甘んじなくてはならない。夫と妻の収入は別個に課税され，累進課税であるために就業への強いインセンティブが働く。子ども関連の手当てと税制の組み合わせによりスウェーデンでは出生率の維持と女性の就業継続を両立させる仕組みとなっている。公的な保育サービスを受けるには働いていることが条件となっており[4]，保育料は親の収入に応じたスライド制[5]となっている。公的保育サービスに対しては育児休暇と同様強い社会的コンセンサスが成立している。

---

4)　この点については1996年に制度の変更により親の就労の如何にかかわらず週15時間の普遍的幼児教育が無償で行われることになったため，現在では状況が変化した。
5)　保育コストの3〜4％から40％までの幅がある。

自由主義レジームのチャイルドケア

　自由主義は残余主義とも表現される。人口のごく限られた部分に対し，国家の介入は家族または市場の失敗が起きた場合にのみ発生する。所得調査が行われ，社会的スティグマが伴う。あるいはタックス・クレジットなどの現金給付を基本とした給付形態により個人の選択を重視し市場の活性化を促す。

　アメリカでは乳幼児の公的保育サービスの供給についての社会的コンセンサスが欠如しており，しばしば単に低所得者層の子どもの発達を保障する防貧対策あるいは母親を福祉に依存させないための方策としてのみ論議される。保育サービスは家族のニーズに基づき市場で供給されるものとみなされている。

保守主義（コーポラティブ）レジームのチャイルドケア

　保守主義はコーポラティブとも言い換えられる。社会政策は政治的な勢力の相互関係によって形成される。教会の強い影響力が伝統的な家族のあり方を支持している。

　オランダでは伝統的な家族観に基づき，女性の労働市場進出を促進するような政策は発達しなかった。政治的勢力の相克は女性の結婚退職の慣習，育児休暇給付の制限，公的なデイケアなどの一連の政策にも影響を与えた。

3　ゴーニックによるチャイルドケア・レジーム

家族政策への注目

　ゴーニックらは母親の雇用環境を形作る「家族政策」に注目し，14の先進工業国における政策を16の指標を用いて比較した（表3-1）。その結果に基づきエスピン-アンデルセンによって示された福祉国家のクラスターは女性の就業を支援する政策という観点からは当てはまらないとした。各国の現実のチャイルドケアの状況は典型的なものではないからである。北欧の4か国内については一枚岩ではなく，それぞれの国々での変異がある。それはヨー

表3-1 ゴーニックにより指標として用いられた母親の雇用を支援する政策

方法	最大努力	子どもの年齢		
		乳児	幼児	学童
雇用保障	ある	＊		
有給の産休	52週	＊		
休業補償	100％	＊		
受給資格	100％	＊		
父親の受給	ある	＊		
保育費用の控除	$2600	＊		
乳児保育の普及	全員	＊		
幼児保育の普及	全員		＊	
乳児の公的保育サービス	100％	＊		
幼児の公的保育サービス	100％		＊	
5歳児の公的保育サービス	100％		＊	＊
公的学童保育	100％			＊
公的教育の開始	5歳			＊
学校の時間帯	週40時間			＊
年間の授業日	260日			＊
学校の全日制	ある			＊

注：指標の基準はアメリカのものである。
出典：Gornick et al. (1997)

ロッパ大陸諸国についても，英語圏の国々についても同様である（図3-1）。まとめると，以下のようになる。

- 社会民主主義レジームのクラスターではノルウェーは常に外れている。
- 保守主義の国々には共通性が見出されない。中でもフランスとドイツは鋭い対照をみせている。
- 自由主義の国々ではカナダは他の国々（オーストラリア，イギリス，アメリカ）とはかけ離れている。

ノルウェーとカナダの逸脱

ノルウェーでは他の北欧諸国に比べると保育サービスの供給が不足しており，公的な助成を得ている保育所の定員が不足しているかまたは保育料が高いために利用されづらく，私的なファミリー・デイケアの利用が多い［Bo 1993,

図3-1　ゴーニックによる母親の就業を支える政策の国際比較一覧

政策的努力の程度	就学前（6歳以下の）子どもについて		乳児（3歳未満）の子どもについて		幼児（3〜5歳）の子どもについて	
80					フランス	
70			フィンランド			
60	フランス スウェーデン ベルギー	デンマーク フィンランド	デンマーク スウェーデン	デンマーク ベルギー	デンマーク フィンランド	イタリア スウェーデン
50		イタリア		フランス		ベルギー
40				ノルウェー		
30	ルクセンブルク カナダ ノルウェー	ドイツ オランダ	ルクセンブルク イタリア オランダ	ドイツ カナダ	ルクセンブルク カナダ	ドイツ オランダ
20	オーストラリア	イギリス アメリカ	オーストラリア	イギリス	イギリス アメリカ	ノルウェー オーストラリア
10				アメリカ		

OECD 2001, Leira 2002]。保育サービスの普及の遅れについては，工業化が他の北欧3国より比較的遅かったこと，女性の労働力化が遅かったこと，家庭養育を重視する伝統的価値観という3つの要因が挙げられている［Bo 1993]。

　カナダの自由主義レジームの国々のクラスターからの逸脱は，出産休暇・休業保障が就業する女性を100％カバーしていることによる。他の方策についてはクラスター内の諸国と際立った差は認められない［Gornick et al. 1996a]。

フランスとドイツの対照

　フランスは出生促進を家族政策の明示的な目的のひとつとしている国であり，保育政策もその一環として充実がはかられてきた。社会的・経済的な変化に伴って増大した結婚，出産，育児の障害を多少とも取り除くことを役割

のひとつとしており，扶養負担の補償・選択の自由の保障・出生の促進を目的とした家族政策が採られているのである。

教育制度内の学校である2～5歳児のためのエコール・マティルネは無償・全日制の普遍的サービスである[6]。エコール・マティルネとともに他の福祉制度内の保育機関が家庭外ケアの選択の自由度を高めている[Kamarman & Khan 1994]。

ドイツについては旧東ドイツと旧西ドイツは家族政策の共通の起源をもっている[7]。第2次世界大戦後は双方とも労働力の払底に直面したが，その対応策が異なっていた。

旧東ドイツでは労働可能な成人の完全雇用が強調され，1965年には新家族法が成立し配偶者双方が子どもの教育とケア，家事の責任を分かち合うべきであるということを明らかにした。その後の多くの施策により旧東ドイツは16～60歳の女性の就労率を87％までに引き上げ，かつ出生率の上昇をみた。

旧西ドイツでは東ヨーロッパからの移民を奨励し，戦後の家族─労働政策として，男性の賃金を上昇させ女性の労働を制限するという母性政策が採られた。1966年から1983年にかけての女性の就業率は34.4％から38.8％へと4％の上昇にとどまっている。1990年の東西ドイツの統合後，旧東ドイツでは女性がまず失業し，企業は保育サービスを削減し，旧西ドイツの家族政策のもとで，多くの出産奨励と就業支援は失われた [Spakes 1995]。

フランスとドイツは，保育サービスに関しては子育てにあたって母親の選択の幅を広げるか，伝統的な母親役割に固執するかという点において対照的である。また子育て費用についての減税措置がフランスにはあるがドイツにはない。さらに法定の育児休暇についてであるがフランスではほぼ生後3年

---

6) 学期間のみ。水曜日は休み。
7) 1900年代初めの女性解放と平等の達成を求める強力なフェミニスト運動の展開，第1次世界大戦後のそれらに対する強い反動，市民が可能な限り労働に従事した第2次世界大戦の最後の数年を経て，その後は女性の居場所は家庭であり再生産役割を担うものという認識が強く支持された。

まで認められるに対し、ドイツでは産休の14週のみである [Meyer & Gornick 2000]。

保育サービス形態と福祉国家レジーム

　メイヤーとゴーニックは乳幼児期の教育とケア（Early Childhood Education and Care）の供給形態に注目し、エスピン-アンデルセンによる福祉国家レジームごとの明確なパターンを見出した（図3-2）。チャイルドケアの供給形態は明確に3つのタイプに分類されるのである。

　ゴーニックらの功績は、チャイルドケアはいわゆる親の不在による代替ケアという意味での保育サービスだけでなく、就学前教育サービスも視野に入れたことにある。教育とはいえ、フランスのように長時間にわたるものであれば、事実上親の就労を可能にする保育サービスと同じ役割を果たす。

　このとき社会福祉制度内の保育（デイケア）サービスが、教育制度内のサービス（日本での幼稚園に相当するもの）も合わせ取り上げられていることが重要なのである。次項で取り上げる OECD の調査報告書では、母親の就業との関係でチャイルドケアが取り上げられている。そのため、社会福祉制度内のチャイルドケアのみが取り上げられ、教育制度内のサービス（幼児教育）は取り上げられていない。母親のフルタイムの就業を可能にするのは、社会福祉制度内の年間通じてのフルタイムの保育サービスだけではないのであり、この点で事実とずれが生じることになる。

福祉国家レジームごとの特徴

　社会民主主義レジームの国々では一元化されたシステムで就学前のケアと教育が提供される。保育コストには公的財源が充当され、親は所得に応じて一部を負担する。

　保守主義レジームの国々は他の2つのレジームほどにはまとまりがみられない。パートタイムの保育形態が多いが義務教育の開始年齢が早い国々（ドイツ、ルクセンブルグ、オランダ）と、義務教育は比較的遅いがケアと教育が

3 福祉国家レジームの視点から 63

図 3-2 メイヤーとゴーニックによる公的保育システムの国際比較一覧

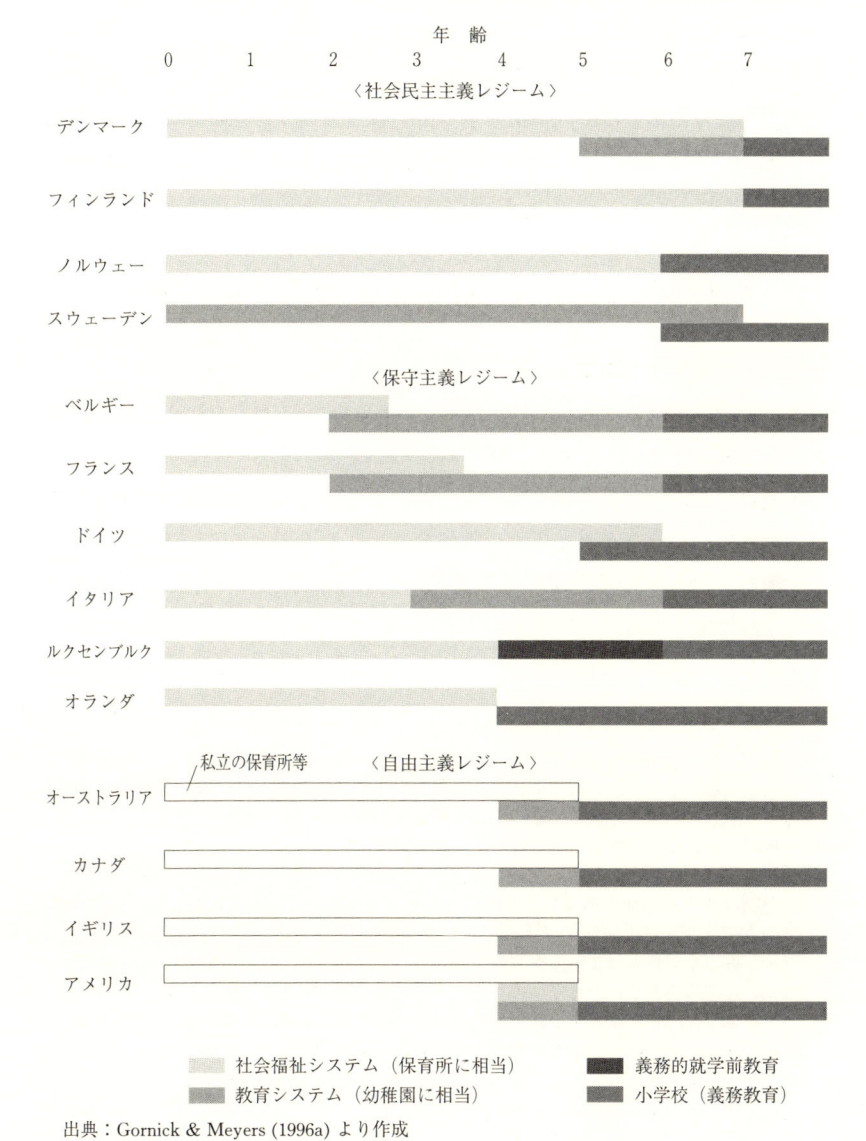

年齢
0　1　2　3　4　5　6　7

〈社会民主主義レジーム〉

- デンマーク
- フィンランド
- ノルウェー
- スウェーデン

〈保守主義レジーム〉

- ベルギー
- フランス
- ドイツ
- イタリア
- ルクセンブルク
- オランダ

私立の保育所等　〈自由主義レジーム〉

- オーストラリア
- カナダ
- イギリス
- アメリカ

凡例：
- 社会福祉システム（保育所に相当）
- 教育システム（幼稚園に相当）
- 義務的就学前教育
- 小学校（義務教育）

出典：Gornick & Meyers (1996a) より作成

組み合わされたような保育サービスが提供される国々（フランス，ベルギー，イタリア）とに分かれる。

自由主義レジームの国々では歴史的に公教育を重視しており，公立学校が5歳の子どもあるいはそれ以前の子どもの保育の役割を果たしている。つまり普遍的な就学前教育と早期の義務教育開始を特徴としている［Meyer & Gornick 2000］。

4　OECDデータにみるチャイルドケアと女性の就業

各国チャイルドケアのデータ

表3-2はOECDによって示された18か国のチャイルドケアの国際的評価の一覧である。まず，それぞれの項目について説明する。

- 項目の①から⑦は各国のそれぞれの政策実行を共通の尺度で評価するために中央値を0として各国の数値を算出したものである。
- 項目①〈3歳未満児保育普及度〉[8]，②〈3歳以上保育普及度〉[9]は当該年齢児で「保育」[10]を受けている子どもの割合を示したものである[11]。
- 項目③〈産休の所得保障〉についてであるが，復職保証つきの産休の実

---

8) ただし各国の制度の違いにより，必ずしもこの年齢区分が当てはまらない。「3歳未満児」としてはいるがカナダでは0~5歳，イギリスは0~4歳である。おおかたの国で3歳を区切りとして公的就学前教育（公費を充当）の対象としている。現在ではイギリスでは就学前教育の対象を3歳にまで拡大した。
9) 各国おおむね6歳である就学年齢までの年齢を指す。
10) この場合の「保育」とは，経営主体については公立・私立をあわせたものであり，その形態は通所施設型で集団ケアを提供するもの（日本の場合は保育所），居住型の施設でのケア，ファミリー・デイケア（保育者の自宅で保育を行う），ベビー・シッター（子どもの家で他人によってケアが行われる）の4種類あり，行政機関によって把握されているものである。したがってインフォーマルな保育手段については含まれていない。
11) 3歳以上については就学前教育機関（日本では幼稚園）あるいは国によっては当該年齢児を初等教育機関に入学させることもあるがその数は含まれていないため，この種の機関が実質的に果たしている「保育」の役割はここでは数値に反映されていない。とはいえ各国においておおむね3歳以上の子どもに対して多くは半日ベースで行われる就学前（あるいは初等）教育の普及度はおしなべて高く，各国間で状況に大きな差はない。

表3-2　OECD諸国のチャイルドケア一覧

	3歳未満児の保育普及度	3歳以上の保育普及度	産休の所得保障	産休・育休合計	企業・家族休暇	フレックス・タイム	パートタイム	チャイルドケア指標	30〜34歳女性就業率
	①	②	③	④	⑤	⑥	⑦	⑧	⑨
カナダ	1.1	−1.2	−0.7	−0.8	‥	−0.5	0.2	0.2	71.8
アメリカ	1.6	−0.1	−1.4	−1.6	−0.8	2.0	−0.5	1.2	72.0
日本	−0.6	−2.1	−0.7	−0.6	−2.1	−0.9	0.3	−2.9	52.6
デンマーク	2.1	1.0	1.3	−0.1	−0.4	−0.3	−0.1	2.9	78.8
フィンランド	−0.1	−0.3	1.9	1.6	−0.6	−0.6	−1.2	−0.3	70.7
スウェーデン	1.3	0.4	2.3	0.0	−1.9	0.6	0.2	3.3	76.7
ギリシャ	−1.1	−1.4	−0.7	−0.9	1.1	−0.5	−1.6	−3.4	57.1
イタリア	−1.0	1.2	0.2	−0.5	1.2	−0.9	−0.7	−1.9	52.6
ポルトガル	−0.7	0.1	0.8	0.9	−0.1	−0.9	−1.3	−2.2	75.7
スペイン	−1.0	0.6	0.0	1.6	0.6	−0.8	−1.0	−2.5	49.3
アイルランド	0.7	−0.9	−0.5	−0.9	−0.5	−0.9	−0.2	−1.1	69.1
イギリス	0.5	−0.7	−0.7	−0.9	−0.2	0.5	1.1	1.3	69.4
オーストリア	−1.1	−0.2	0.0	0.5	1.5	−0.6	0.3	−0.6	72.6
ドイツ	−0.8	0.3	−0.1	1.6	1.5	0.7	0.8	1.3	68.6
オランダ	−1.0	1.3	0.0	−0.4	0.3	1.0	2.5	2.7	71.5
ベルギー	0.3	1.3	−0.4	−0.4	0.4	−0.1	0.2	0.2	70.8
フランス	0.3	1.4	0.0	1.6	0.2	−0.2	−0.3	−0.1	65.6
オーストラリア	−0.5	−0.7	−1.4	−0.7	−0.1	2.6	1.3	1.9	64.2
30〜34歳女性の就業率との相関	0.59	0.2	0.36	−0.04	−0.18	0.26	0.25	0.68	

注：⑧の計算＝①③⑥⑦と⑤の1/2の和。
出典：*Ourlook Employment 2001*

施はOECD諸国の中ではほとんどの国に普及している[12]。
- 項目④〈産休・育休合計〉とは法律で定められた産休と育児休暇を指しており，育児休暇には父親休暇が含まれている。各国で父親休暇と育児休暇と呼ばれているものをまとめたものであり，厳密な共通の定義によ

---

[12] アメリカの場合は制度的な産休はなく，個人の勤務先との契約による。北欧諸国ではほとんどの女性がカバーされており，オランダではパートタイムあるいは一時雇用の女性もカバーされ，ドイツでは学生と失業中の女性もカバーされている。北欧諸国とオランダ，ドイツを除いて，産休利用のためにはそれ以前のフルタイムベースによる一定の勤続期間（通常1年）が必要である。

るものではない。
- 項目の⑤，⑥，⑦は企業によって提供される子育て支援策である。⑤は法的な産休と育児休暇に代わるもの，あるいは付け加えられる産休・育児休暇・看病休暇の合計である。
- 項目⑧は30〜34歳の女性の就業率との相関の度合いが高い項目を選んで一定の計算を行い（表3-2の注記参照），チャイルドケアの総合的な充実度を数値化したものである。

項目⑧の数値をチャイルドケア指標と呼ぶと，この指標と就業率の相関は0.68と高い数値を示している。その他に，各国の状況の比較から発見されることがあるだろうか。次項よりいくつかの点について述べる。

チャイルドケアの充実度と就業率

〈30〜34歳女性就業率〉と〈チャイルドケア指標＝チャイルドケアの充実度〉の相関を図で示すと，図3-3のようになる。チャイルドケアの充実度とこの年代の就業率の相関が高いことがみてとれる。

各国における「女性労働の望ましさ」

チャイルドケアの充実に関連する要因としては，表3-2でとりあげたものの他に，シアロフの算出した「女性労働の望ましさ (female work desirability)」に注目したい。この「女性労働の望ましさ」は，男性賃金に対する女性賃金の比，管理職に占める女性の割合，高等教育を受けているものについて男性の数に対する女性の数の比，女性の失業を含めての就業状況を用いて計算されたものである[13] [Siaroff 1994]。

それぞれの国において男性労働の望ましさ，つまり男性の就業に対する評価を1とすると，女性の就業はどの程度のものとして評価されているかをあ

---

13) 堀江 (2001) は women's (female) work desirability に従来用いられてきた「女性労働の良好度」ではなく「働きやすさ」という訳語を用いているが，この訳語は女性が働きやすい条件を連想させるので，ここでは「望ましさ」とした。

図3-3 30～34歳女性就業率とチャイルドケア指標の相関

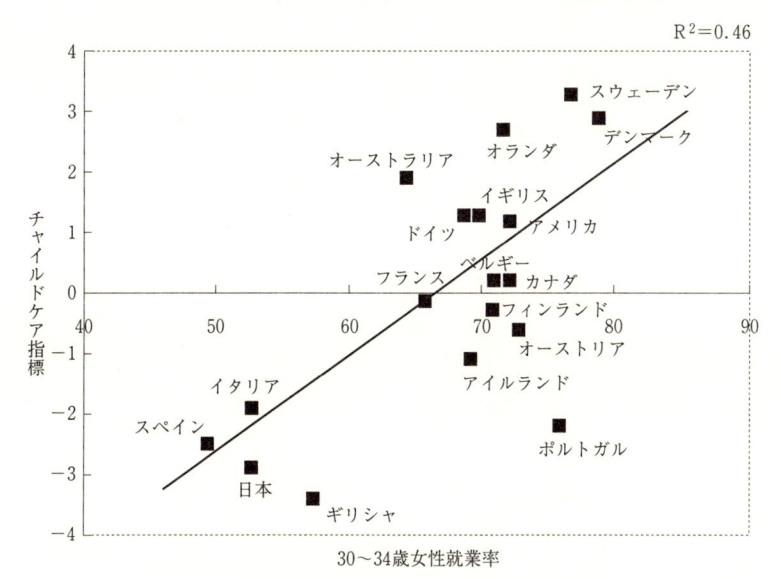

$R^2=0.46$

表3-3 女性就業評価一覧（女性労働の望ましさ）

スウェーデン	0.652	オーストラリア	0.506	イタリア	0.351
フィンランド	0.652	フランス	0.426	オランダ	0.343
デンマーク	0.594	オーストリア	0.414	ギリシャ	0.305
アメリカ	0.585	ポルトガル	0.398	日　本	0.299
カナダ	0.566	ドイツ	0.396	スペイン	0.285
イギリス	0.561	アイルランド	0.367		

出典：Siaroff (1994) より作成

らわすことになる．表3-3はその一覧である．本論では，この指数を女性の就業が男性の就業と比較してどれだけその価値を認められているかをあらわすものと考え，これを〈女性就業評価〉の指標として採用した．

図3-4では〈女性就業評価指数〉と〈チャイルドケア指標〉との相関を示した．この図でみると女性労働の望ましさが高いほど，つまり女性の就業に対する評価が高いほど，チャイルドケア指標も高いスコアを示しているこ

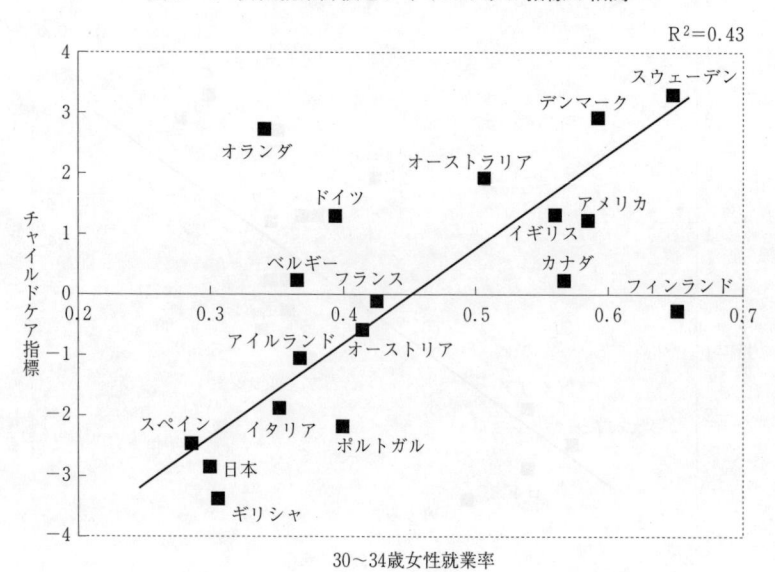

図3-4 女性就業評価とチャイルドケア指標の相関

[図：縦軸 チャイルドケア指標（-4〜4）、横軸 30〜34歳女性就業率（0.2〜0.7）、$R^2=0.43$

プロット：スウェーデン、デンマーク、オランダ、オーストラリア、ドイツ、アメリカ、イギリス、ベルギー、フランス、カナダ、フィンランド、アイルランド、オーストリア、スペイン、イタリア、ポルトガル、日本、ギリシャ]

とがみてとれる（$R^2=0.43$）。女性をどの程度労働者として位置づけ，女性の就業をどの程度価値あるものとして位置づけるかということとチャイルドケアの普及度には相関が認められるのである。

5 エスピン-アンデルセンの福祉国家類型論とチャイルドケア

チャイルドケアと福祉国家の関係

　エスピン-アンデルセンの類型論の特徴は，年金・健康保険・失業保険制度に注目し，脱商品化指標と社会階層化指標に基づいて資本主義国の社会福祉を3つに類型化したことにある。ここでは，脱商品化の指標とチャイルドケア指標のスコアの関連がどのようなものであるかを探り，チャイルドケアの普及度はエスピン-アンデルセンによる福祉国家の類型論と関連づけられるのかどうかについて検証してみる。エスピン-アンデルセンが福祉国家類

表3-4 エスピン-アンデルセンの脱商品化度指標，社会階層化指標

	統合脱商品化度 ①	普遍主義平均 ②	コーポラティズム ③	ミーンズテストつき救貧扶助（公的社会支出総消費額%）④
カナダ	22.0	93	2	15.6
アメリカ	13.8	54	2	18.2
日本	27.1	63	7	7.0
デンマーク	38.1	87	2	1.0
フィンランド	29.2	88	4	1.9
スウェーデン	39.1	90	2	1.1
ギリシャ				
イタリア	24.1	59	12	9.3
ポルトガル				
スペイン				
アイルランド	23.3	60	1	5.9
イギリス	23.4	76	2	
オーストリア	31.1	72	7	2.8
ドイツ	27.7	72	6	4.9
オランダ	32.4	87	3	6.9
ベルギー	32.4	67	5	4.5
フランス	27.5	70	10	11.2
オーストラリア	13.0	33	1	3.3

出典：エスピン-アンデルセン（1990）［邦訳2001：79］

型論の指標として示した指数と各国の数値一覧は表3-4のとおりである。

エスピン-アンデルセンによれば，統合脱商品化度数（表3-4①）はその国が総合的にみてどの程度脱商品化が可能であるかの総合的な指標である。普遍主義指標（同②），コーポラティズム指標（同③），救貧扶助指標（同④）は，それぞれ順に，どの程度社会民主主義的であるか，保守主義的であるか，自由主義的であるかを判断する上での指標である。ある国がどのレジームに属するか，ということはその社会がどのような規範やルールに基づいて構成されているかについての手がかりとなる。

つぎにこれらの指標とチャイルドケア指標（表3-2⑧）の関連をみると，統合脱商品化度数，普遍主義指標，救貧扶助指標とチャイルドケア指標の相

図3-5 コーポラティズムとチャイルドケア指標の相関

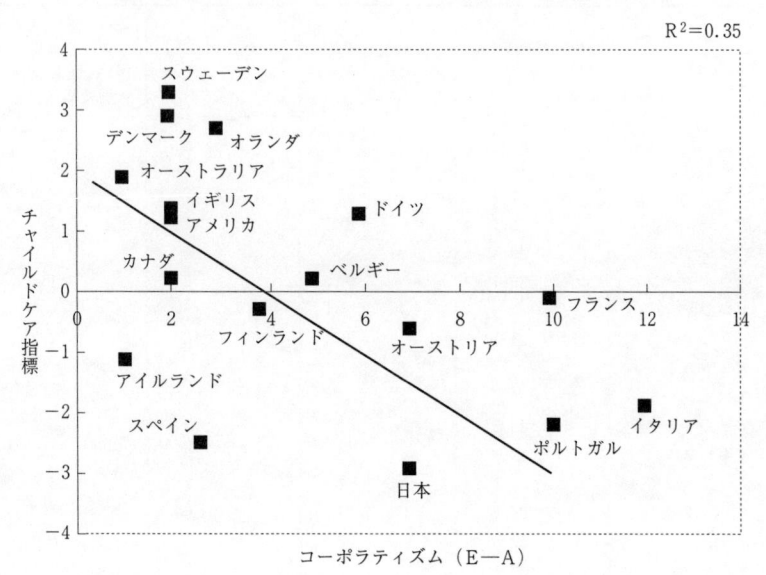

$R^2=0.35$

[散布図：横軸 コーポラティズム（E—A）、縦軸 チャイルドケア指標。プロットされた国：スウェーデン、デンマーク、オランダ、オーストラリア、イギリス、アメリカ、カナダ、ドイツ、ベルギー、フィンランド、フランス、アイルランド、スペイン、オーストリア、日本、ポルトガル、イタリア]

関関係はみられなかった（それぞれ順に $R^2=0.064$, $R^2=0.086$, $R^2=0.056$）。コーポラティズム指標とチャイルドケア指標には負の相関関係がみられ（$R^2=0.348$），これはチャイルドケアの普及度は保守主義レジームの国々において低くなることを意味する（図3-5）。

ある国が普遍主義の傾向が強いか，自由主義の傾向が強いかという分類はチャイルドケアの普及度と相関はなく，保守主義の傾向が強いかそうでないかという区分の方がチャイルドケアの普及度に関連していることがわかる。

各度数とチャイルドケア指標の相関のなさ

統合脱商品化度数，普遍主義指標，救貧扶助指標とチャイルドケア指標の相関のなさについてはどのように考えられるだろうか。統合脱商品化度数についてはそのスコアの根拠が「平均賃金を得る標準的生産労働者」の老齢年金，疾病給付，失業保険の給付を基準に算出されている。

高齢・疾病・失業の場合にその社会でどの程度脱商品化が可能であるかということはチャイルドケアの普及度とは関連しないということになるが，このとき「平均賃金を得る標準的生産労働者」として女性が想定されるとは考えにくい。大多数の女性は子育てによる労働市場からの一時的あるいは中途の離脱を余儀なくさせられ，あるいは復帰後にパートタイムで働くことも多いため，女性を標準的生産労働者として位置づけることはできないからである。

チャイルドケアは現在のところ女性の就業と深くかかわっており，統合脱商品化度数とチャイルドケア指標の相関のなさは標準的生産労働者として女性を位置づけることができないことによるものと説明できよう。

普遍主義指標，救貧扶助指標とチャイルドケア指標の相関のなさについてはチャイルドケアの内容をみると次のような理由によるものと考えられる。普遍主義指標の高い国では公的保育サービスや法的な休業補償などの方法によりチャイルドケアを普及あるいは保障させ，救貧扶助指数の高い国では民間サービスの活用や企業との私的契約による労働形態の柔軟化などの方法によりチャイルドケアを普及あるいは保障させている。子育ての外部化という点では，社会民主主義レジームの国々と自由主義レジームの国々は共通している。

ま と め

イギリスはエスピン-アンデルセンの福祉国家レジーム論ではアメリカと同じく自由主義レジームに属する。

イギリスのチャイルドケアの特徴は，メイヤーとゴーニックによれば5歳から始まる義務教育と，5歳以前に小学校への早期入学をさせていることである。またグスタフソンの指摘に従えば保育（ケア）サービスは基本的に市場にゆだねられ，公費による保育（ケア）サービスは一部の必要のある子どもにだけ提供されるものであることに，イギリスが自由主義レジームに属す

資料3-1　グスタフソンによる母親の就労状況とチャイルドケアの状況（補足）

　スウェーデン，アメリカ，オランダの母親の就労状況とチャイルドケアの状況は，グスタフソンによれば以下のようにまとめられる [Gustafsson & Stafford 1994, Gustafsson 1994]。

　1984年のスウェーデンのデータ，1988年のオランダとアメリカのデータによれば，就学前の子どもをもつ母親の就労時間はこれら3か国でまったく異なっている。末子が就学前である母親全体では，就労時間がゼロであるのはスウェーデンでは31.7%，アメリカでは48.4%，オランダでは72.6%である。しかし一方でアメリカの母親の32.9%は35時間以上働いている。末子が1歳を過ぎてフルタイムで就業するのはスウェーデンでは子どもの年齢が上がるにつれ割合が増えるが，それでも26.7%を越えず，20～34時間という長時間のパートタイムで働く母親が最も多い。アメリカでは末子が1歳を過ぎると週35時間以上働く母親は33.3%を下らない。末子が5歳になるまでで比較すれば，スウェーデンでは長時間のパートタイムで働く母親が，アメリカではフルタイムで働く母親が多い。オランダでは短時間パートタイムで働く母親が最も多いが，その比率は20.3%である。

　チャイルドケアに関連していえば，スウェーデンでは公的に助成された良質の保育サービスが普遍的に供給されるので，一般的にまずは公的なデイケアのシステムが利用される。保育料は収入に応じて支払う。子どもが1歳半までは有給の育児休暇が利用される場合が最も多い。アメリカでは子どもの誕生後比較的早く母親は仕事に復帰し，親が子どもの世話ができるように勤務時間を調節する。民間市場に保育サービスの供給があり，収入に応じた保育サービスを購入する。オランダでは民間にも公的セクターにも保育サービスの供給は少なく，母親が職をもつ割合は低くなり，チャイルドケアはさまざまな形をとる。

ることの特徴がみられる。

　イギリスにおいては子どもに対するケアと教育は別物であり，ケアについては家庭の責任である。必要なケアが提供できない「家族の失敗」が生じたときにのみ政府は介入するのである。「子どものケアは国家の領分ではない」という社会的通念は，このような表現がもし許されるなら，歴史に裏打ちされた強固な「信念」であり，いわばイギリス社会のバックボーンなのである。

［文献］
　Bo, I. (1993)　'Norway' in Coshran, M. (ed.) *International Handbook of Child Care*

Policies and Programs, Greenwood Press, pp. 391-413.

Esping-Anderson G. (1990) *The Three Worlds of Welfare Capitalism*, Policy Press（岡沢憲芙・宮本太郎監訳 [2001]『福祉資本主義の三つの世界―比較福祉国家の理論と動態―』ミネルヴァ書房).

Esping-Anderson, G. (2001) 上記日本語版序文.

Esping-Anderson, G. (1999) *Social Foundation of Postindustrial Economics*, Oxford University Press（渡辺雅男・渡辺景子訳 [2000]『ポスト工業経済の社会的基礎』桜井書店).

Gornick, J., Meyers, M. & Ross, K. (1996a) 'Supporting the Employment of Mothers : Policy Variation Across Fourteen Welfare States', Luxembourg Income Study Working Paper #139.

Gornick, J., Meyers, M. & Ross, K. (1996b) 'Public Policy and the Employment of Mothers : A Cross National Study', Luxembourg Income Study Working Paper #140.

Gornick, J., Meyers, M. & Ross, K. (1997) 'Supporting the Employment of Mothers : Policy Variation Across Fourteen Welfare States', *Journal of European Social Policy*, Vol. 7 (1), 45-70.

Gustafsson, S. (1994) 'Childcare and Types of Welfare States' in Sainsbury, D. (ed.) *Gendering Welfare States*, Sage Publications, 45-61.

Gustafsson, S. and Stafford, F. (1994) 'Three regimes of childcare' in Rebecca B. (ed.) *Social production versus Economic Flexibility : Is there a trade-off ?*, NBER and Chicago University Press, 333-361.

Kamarman, S. B. & Kahn, A. J. (1994) A *Welcome for Eveny Child*, ZERO TO THREE.

Leira, A. (2002) *Working Parents and the Welfare States*, Cambridge University Press.

堀江孝司（2001)「福祉国家類型論と女性の就労」『大原社会問題研究所雑誌』No. 509, 16-31.

Meyers M. & Gornick J. (2000) 'Early Childhood Education and Care (ECEC) : Cross-National Variation in Service Organization and Financing', Paper prepared for presentation at 'A Consultative Meeting on International Developments in Early Childhood Education and Care : An Activity of the Columbia Institute for Child and Family Policy', May 11-12, 2000, New York City.

Moss, P. 他 (2003) 'Early Years and Childcare International Evidence Project', DfES.

OECD (2001a) *OECD Employment Outlook.*

OECD (2001b) *Starting Strong : Early Childhood Education and Care.*

Sainsbury, D. (ed.) (1994) *Gendering Welfare States*, Sage Publications.

Sainsbury, D. (1999) 'Gender and Social-Democratic Welfare State', in Sainsbury, D. (ed.) *Gender and Welfare State Regimes*, 75-114.

Siaroff, A. (1994) 'Work, Welfare and Gender Equality : A New Typology', in Sainsbury, D. (ed.) *Gendering Welfare States*, Sage Publications, 82-100.

Spakes, P. (1995) 'Woman, Work, and Babies : Family-Labor Market Policies in Three European Countries', *AFFILIA*, vol. 10, No. 4, 369-397.

4

チャイルドケアの歴史
――伝統の発生と継承――

はじめに

　もし保育あるいは乳幼児教育関係者ならば，イギリスといえば，19世紀初頭に世界に先駆けて先進的な幼児教育機関を創り出したロバート・オーエンがすぐに思い浮かぶだろう。オーエンは幼児教育の嚆矢を放っただけではない。家族支援の必要性を認識し，社会全体に対する介入的・補償的・包含的戦略の一部としての乳幼児の教育とケアが重要であることを明察していた。

　ところが20世紀のイギリスの現実は，1990年代はじめまで幼児教育または乳幼児保育が伝統的に「教育」または「ケア」のいずれかに分類され，財源やサービスの内容，提供者の多様性のもとに供給されている，というものであった。その状況はしばしば「ごちゃごちゃ muddle」と表現された。

　では，ここに至るまでのイギリスのチャイルドケア，あるいは幼児教育，乳幼児保育はどのような歴史をたどってきたのであろうか。本章ではその発祥までさかのぼり，経緯を示す。

1　産業革命―母親の雇用労働の始まり―

雇用される母親の出現と増加・減少

　18世紀半ばからの農業革命と産業革命に伴う経済および社会の変化は，家庭生活，ことに最貧家庭の生活に深刻な影響を及ぼした [Whitbread 1972]。イギリス社会の産業社会化の過程のなかで，幼い子どもと母親の関係および

彼らへのサービスに対する態度は大きく変化した [Tizard et al. 1976]。産業革命は子どもをもつ女性の労働の場を農場，小さな工房，そして家庭から工場へと移動させ，それとともに「子守り」の必要が生まれたのである [Cohen 1993]。

当時の子どもや親たちの状況は，国勢調査や一般戸籍などの資料からうかがい知ることができる。だが働く母親についての確かな統計は数少ない。雇用されている既婚女性（寡婦を含めて）について最初の公的な統計がみられたのは1851年の国勢調査であり，それによれば大ブリテンで24％と記されている。19世紀の前半で雇用される既婚女性の数は増加していったものであろう。繊維工業やそれに関係する家内工業で女性の労働は増加し，また1834年の改正救貧法は既婚男性への給付金を廃止したため，農村部では女性が働きに出ることが強制された [Tizard et al. 1976]。

19世紀半ばより半世紀にわたり，雇用される既婚女性の数は減少の途をたどり，1911年には13〜14％（イングランドとウェールズ）となった。この減少の理由としては産業の変化が一因をなしている。つまり19世紀はじめは女性労働が大きな役割を果たした綿工業が盛んであったが，機械，鉄鋼，炭鉱，運輸という女性が足を踏み込めない分野が急成長を遂げたからである。また農業では高賃金と機械化が女性労働の減少をもたらした。また男性の稼得が増加したことと妻を働かせることを好まない風潮があったことと推測される [Tizard et al. 1976]。

チャイルド・マインダーとデーム・スクール

幼い子どもをもちながら働く母親は少数派に過ぎなかったにもかかわらず[1]，19世紀を通して関心の的となり，非難の対象となっていた。母親の雇用率の高い地域では乳幼児の死亡率が高かった。当時の工場で女性は1日12

---

1) 幼い子どもをもつ母親の働く理由は主として夫の病気か死亡，または低賃金であった (Report of the interdepartmental Committee on Physical Deterioration 1904)。

時間から13時間働き，子どもを産むとわずか3，4日で仕事に戻り赤ん坊は当然置き去りとなる。母親は食事時に急いで帰宅し，授乳し自分の食事をすませ，子どもに何かをしゃぶらせておく。子どもを静かにさせておくために睡眠薬が使われた。1891年には工場では産後4週に満たないことを知った上で母親を雇ってはならないことが法で定められたが，多くの場合無視された [Tizard et al. 1976]。

　主たる問題は適切なデイケアの便宜がないことにあった。母親は子どもを「鍵をかけて閉じ込めておくか，他人に預ける」という不満足な方法しかとれなかった。預け先は隣人か専門の「マインダー」であった。「マインダー」は19世紀のはじめから「デーム・スクール（dame school＝おかみさん学校）」に変化していった。子どもを預かるそのような女性のたいがいは無知であり，子どもが限度まで詰め込まれた部屋は不健康で不潔，換気は不十分であった。多少なりとも教育を受けていた女性は子どもたちにアルファベットその他を教えようとしていたが，そのような人たち以外は無節操かついいかげん，中には工場労働に向かずマインダー以外の収入の手立てをもたない女性もいた。都市のデーム・スクールの状況はさまざまであったが，この種の学校が1819年には3,000校以上に達していた [Whitbread 1972]。

　だが実際にそのような悲惨な状況におかれた子どもはきわめて少数ではあった。ほとんどの子どもは家族内で，雇われていない祖父母や他の親戚，同居人に世話をされていた。そのような社会的ネットワークをもたない場合に他の方法が採られたが，有料でマインダーに預けられた子どもは少数であり，ランカスターでの調査では2％以下であった [Tizard et al. 1976]。

　デーム・スクールは19世紀のはじめに姿を現し19世紀後半に減少していった。その質のよしあしはともかくとして，デーム・スクールは工業の草創期に労働者階級の生活様式から生み出された彼ら自身の互助機関とみることができる。19世紀の自由放任原理は家庭内の幼児問題への政府の関与を容認していなかったのである [Whitbread 1972]。

2 デイ・ナーサリーの曙光

デイ・ナーサリーのひよわな誕生

　1850年に至ってようやくロンドンに慈善団体によるデイ・ナーサリーが開かれている。だが費用は高く入所については地区長などしかるべき人物の推薦が求められ，この先駆的な事業は大きな成功を収めることはなかった。他所でも同様のナーサリーが開設されたが，同様の結果をみた［Tizard et al. 1976］。

　これらよりは望みがもたれたのは1871・1872年にマンチェスターで2か所，次いでロンドンで4か所現れ，のちに30か所まで広まった無料のキンダーガーデンであった。これらのデイ・ナーサリーでは子どもの身の回りの世話が適切に行われたが，必要を満たすには焼け石に水であった。

　この時期最も注目すべき出来事は，1911年マクミラン姉妹がデットフォードでデイ・ナーサリー・スクールを開いたことである。そこでは2歳から8・9歳の子どもの身体的・教育的・社会的ニーズを満たす保育が行われた。このようなデイ・ナーサリー・スクールが戦争後には一般に広まることが姉妹の悲願であったが，実現することはなかった。働く母親のほとんどにとって，無縁のものであったのである［Tizard et al. 1976］。

入学する幼児

　ここで小学校（elementary school）についても述べておかなくてはならない。19世紀後半は学校へ行く2歳から5歳の幼児の数が急激に増加した時期であった。1855年から1870年の間に3・4歳児が公立学校の全児童数に占める割合は7.6％から14.6％に倍増した。1870年には3・4歳児の24.2％は小学校に通っていた。1880年には29.3％，1890年には33.2％，1900年には43.1％に達していたのである。義務教育ではなかったが，親が希望すれば子どもを小学校へやることができた。質的にはともかく，量的にはこの年齢の幼児に対

し学校教育はかなり普及していたのである。

1870年教育法により無料の義務教育が5歳より開始されることになった。女性が多く雇用されている地域では2歳から5歳未満の子どもも入学した。この時期の小学校は，幼児を収容する保育施設の役割を実質的に担っていたのである [Whitbread 1972]。

一方で母親が雇用される必要のない中産階級あるいは上流階級では状況はどのようなものであったか。その場合ワーキング・クラスの女性を住み込みの子守として雇っており，母親自らの手で子育てをすることがなかった。それが望ましいライフスタイルでもあった。そのような住み込みで子守を雇う習慣は第2次世界大戦当時まで続いた。

3　戦争とチャイルドケア

戦争がデイ・ナーサリーを生む

1906年にはデイ・ナーサリーの全国団体 (National Society of Day Nurseries) が設立され，30か所程度のデイ・ナーサリーが所属した。そしてデイ・ナーサリーの数は第1次世界大戦 (1914-18) を契機に飛躍的に増大する。軍需産業や男性の出征が女性労働力を必要としたからである。このときはじめてデイ・ナーサリーに公的関与がなされ，イングランドとウェールズに108のデイ・ナーサリーが開設された。終戦の1918年，母子福祉法 (Maternity and Child Welfare Act) により地方保健局 (Local Health Authority) が公立デイ・ナーサリーを設置するか，民間に助成を行うことが定められた。

第2次世界大戦時下 (1939-45) ではチャイルドケアの拡大を含めさまざまな政策により，女性の就労が大いに促された。また保健省は戦時保育室の設置責任を負い，ボランタリーの教育団体が教育面についての助言を行い，労働大臣が設置場所についての助言を行った。保育室は1日12時間から15時間開かれ，就業母親から費用を徴収した。ナーサリー・スクール教師が年長児の面倒をみた。

拡大は急速で，イングランドとウェールズで1941年に194か所であった保育室は1944年には1,450か所に増え，全日で6万8,181人を受け入れ，そのほかにも109のパートタイムの保育室が3,625人を受け入れた。加えてナーサリー・スクール／クラスで3万5,000人，小学校のレセプション・クラスで10万3,000人が受け入れられていた。スコットランドと北アイルランドでも同様のことがらが起こった。

戦争終結と保育室の閉鎖

a　1940年代後半

　終戦以前に保育室は次々と閉鎖され，1945年以後もその数は減少し続け20年後には1945年当時の3分の1となった。女性は戦中・戦後の経済的問題がなくなれば労働市場から去るべきである，と期待された。

　なぜなら，戦後の社会保障体制の中では，女性は主として男性の被扶養者として給付を受けると規定されたからである。ウィリアム・ベバリッジはそのレポートの中で「おおよその女性は，無償で重大な仕事に従事しなくてはならない。それなしには夫が有償労働に就くことができず，国家が存続することはできない」と述べ，「重要な仕事」とは「イギリス人の血統をしかるべく継続させること」であり，夫の世話をすることであった（1942年ベバリッジ・レポートからの引用，Cohen 1993）。

　また，保育室の閉鎖は戦後のジョン・ボウルビーの母子愛着理論の影響が大であった[2]。母親はどんな理由であれ，とりわけお金を稼ぐために少しの間でも幼い子どもから離れることに対し罪悪感を抱くようになったのである。

　戦時保育室の一部はナーサリー・スクールへ，またデイ・ナーサリーへと変えられた。政府はナーサリー・スクール／クラスは増やし，デイ・ナーサリーは最低限に抑えようとしていた。1945年にイングランドとウェールズでは1,300の保育室があったが，ナーサリー・スクールは75しかなかった。

---

[2]　乳児期に母親からの分離を経験することが害を及ぼす危険性を主張した。

1947年には902のデイ・ナーサリーと353のナーサリー・スクールがあった。

多くの幼児は小学校のクラスと小学校付設のナーサリー・クラスに在籍していた。またナーサリー・スクールの目的が教育であることが強調され，入園は2歳から3歳へと引き上げられた。いったん幼児教育は拡大の方向に向かうかとみえたものの，戦後の義務教育の拡大の影で建物の不足，教師の不足で実現には至らなかった [Tizard et al. 1976]。

b　1950年代

1951年には保健大臣によりデイ・ナーサリーについての声明が出された。デイ・ナーサリーは健康面・社会面でニーズのある子どものためのものであり，「働きに出ることで一家の収入を増やそうとする母親」のためのものではない，とされた。順次デイ・ナーサリーは閉鎖され，ナーサリー・スクール／クラスは変化なく，登録チャイルド・マインダーと私立のデイ・ナーサリーが徐々に増加した。だがそれらの数について政府発表はない。

この時期の大きな変化はパートタイムの幼児教育が導入されたことであった。午前と午後のシフト制をとりいれることで1定員のところに2名受け入れ，コストを増やさずに受け入れ人数を増やしたのである。それは経済的な理由による現実的な解決方法であったのだが，後には教育的な見地からの根拠となり将来的な拡張の方針となってしまったのである [Tizard et al. 1976]。

4　公的チャイルドケアの停滞と民間の新しい潮流

公的チャイルドケアの停滞

乳幼児の教育とデイケアについての政府の態度は冷淡なものであったが，一般には若い両親の間で乳幼児の福祉と教育についての関心は高まりつつあった。戦争後若い母親は子守を雇えなくなり，以前からの地域社会でのつながりは戦争によって失われ，住居政策によって若い両親は拡大家族からの支援を失った。若い母親は家庭で孤立を余儀なくされた。車が増えて子ども

を外で遊ばせられなくなり，住宅事情により子どもが仲間同士で遊べなくなった。

ナーサリー・スクールの拡大については政府からストップがかかった[3]。なぜなら戦後の教育拡大のなかで教師の数が不足し，幼児教師よりも年長の子どもたちの教師が必要になったからである。

プレイグループの誕生

このような状況のなかからイギリスのチャイルドケアを特徴づけるプレイグループ運動が生まれた。プレイグループそのものは歴史的にはニュージーランドで生まれ，1960年代に同様の運動がヨーロッパ各地でみられたが，それらは多かれ少なかれ独立した運動であった。

イギリスでは1960年に自宅でプレイグループを始めたひとりの若い母親が新聞に投書したことをきっかけに，全国に燎原の炎のごとく運動が広がってゆき，後には全国組織へと発展した。この時期は私立のナーサリー・スクールが急増した時期でもあった。その形態は多様であったが，プレイグループと私立ナーサリー・スクールはまったく中産階級向けであった。

影武者のチャイルド・マインダー

他方，仕事に就こうとする母親は自分が働く間に子どもが世話されるには，チャイルド・マインダーを利用するか自分がチャイルド・マインダーになるしかなかった。何人の子どもがチャイルド・マインダーに預けられていたかの実数はつかめない。1948年に有償で子どもを預かるチャイルド・マインダーは地方当局への登録が義務づけられたが，この通達はいわば死文であり，ほとんどのチャイルド・マインダーは登録をしなかったということが知られている。チャイルド・マインダーについての悲惨な実例について個別の集積はあるが，その全体像は不明である [Tizard et al. 1976]。

---

3) Circular 8/60 (1960).

5 不承不承のチャイルドケア

例外的な公的保育サービスの拡大

1960年代，唯一の例外ともいえる公的保育サービスの拡大は，当時の教師の不足と看護婦の不足を解消するための例外的措置であった。前者に対しナーサリー・スクールの定員が（1964年，1965年），後者に対しデイ・ナーサリーの定員が増やされ（1966年），これら2つの職業の母親に限って割り当てられたことである。

プラウデン・レポートの功罪

1967年，小学校教育についての調査報告書[4]，通称プラウデン・レポートが発行され，幼児教育の実質的な拡大が勧告された。財源の問題は午前と午後のシフトをとることでしのがれた。時の教育大臣は保育サービスにおいてケアと教育とがまったく別物となっていることに露ほども疑念を抱かず，幼児の母親は家庭にとどまり子どもの面倒をみるのが義務であると公言した。報告書にはこのような一節がある。

——子どもにかまわず，必要もないのにフルタイムで働こうとする母親がいる。そのような母親を職に赴かせるということは教育サービスの与り知らぬところである。

結局のところプラウデン・レポートはナーサリー・スクールとクラスの増設をもたらしたが，主として貧困地域においてであり，しかも半日のセッションという形態で一般的に受け入れられていった。

シーボーム・レポートの及び腰

プラウデン・レポートの後を追うように1968年にはフレデリック・シー

---

[4] *Children and their Primary Schools*, Central Advisory Council for Education.

ボームによる[5] 地方当局のソーシャル・サービスについてのレポートが提出された。シーボームはデイケアの拡大を提言しつつも，「幼い子どもにとって母親から長期にわたり引き離されることは有害である」とした。レポートを受けて地方当局では私立保育機関や登録マインダーに措置するという形も含めて公的保育サービスの定員を増やしていったが，依然費用は低く抑えられるべきとされた。

幻の拡大

乳幼児の教育とケアの問題に政府は関心を向けるようになり，プラウデン・レポートの勧告は1972年の白書『幼児教育：拡大への枠組み（*Nursery Education: A Framework for Expansion*）』の中で政策として採用された。無料の幼児教育が約束されたが，70年代半ばのオイルショックとそれに続く経済危機はその実現を不可能にした [Lowe 1988]。

1980年，マーガレット・サッチャーが当時の首相として最初にとった行動のひとつが，地方当局から幼児教育を行う責任を取り去り，自由裁量としたことであった。地方当局は就学前の4歳児をある程度小学校のレセプション・クラスに入学させるなどの方法を講じたが，それより低年齢の子どもは私立かボランタリーの保育を受けるというギャップが生じていった。

6 1990年前後の状況—改革の前夜—

つぎはぎなチャイルドケア

イギリスのチャイルドケアあるいは就学前教育は，全国的な保育政策とそれに伴う財源が不在であるために，それぞれの地域または家庭で必要と実情に応じたチャイルドケアが形成されざるを得なかったという事情がある。

このような状況のため，イギリスの就学前の子どもに対する教育あるいは

---

5) Committee on Local Authority and Allied Personal Social Services, 1968.

ケアの状況は、しばしば「つぎはぎ（patchy）」あるいは「ごちゃごちゃ（muddle）」と表現される。ソニア・ジャクソンは以下のような厳しい非難を浴びせている［Jacson 1993］。

——この国の小学校に入学する前の子どもは、医療サービス以外はなんら公的サービスを受けていない。全国的にも自治体レベルでも子どもたちに対するサービスは縁辺的なものとみなされて、財源カットの折は真っ先に対象となる。これだけ変化の激しい世の中で、イギリス政府の乳幼児期に対する首尾一貫した政策を拒む姿勢にはまったく変化がみられない。（略）この国の政府の就学前児童の問題に対する公式見解は、依然として子どもをもつことは犬を飼うのと同じ個人的な道楽であるという態度を反映したものである。

供給主体別にみた就学前の保育状況

サービスの供給主体によりチャイルドケア、幼児教育を分類すると、以下のようになる。

a 地方教育局によるもの
- 公立ナーサリー・スクール

2〜5歳を対象とする独立した幼児教育機関。クラスには教師と保育アシスタントが配置され、推奨される子ども対大人の比率は13対1である（あるいは教師1名に対して22人）。保育アシスタントに求められる資格は、全国保育検定協議会（National Nursery Examination Board＝NNEB）[6]の訓練を終了していることである。保育時間は半日の場合9時から正午、1時から3時半までの二部制をとり、全日の場合は9時から3時半となる。

- ナーサリー・クラス

小学校の中におかれた3〜5歳対象の幼児クラス。スタッフの配置や保育

---

[6] 1995年当時。

時間はナーサリー・スクールと同基準である。
- レセプション・クラス
就学準備，または就学年齢に達する前に小学校へ早期入学した子どもが最初に入るクラス。

上記いずれも原則的には無償であり，親が食費などの実費程度を負担する場合もある。地方教育局には特別な教育的配慮を必要とする（special needs）子ども以外に就学前教育を行う義務はない。したがって就学前教育は量的にも質的にも地域により多様である。

ウェールズでは3・4歳児の73％が上記いずれかの教育を全日あるいは半日受ける機会を得ているのに対し，イングランドでは54％，北アイルランドでは46％，スコットランドでは36％と地域差がある。その内容については地域または地方自治体により一様ではない [Mackinnon & Stathan 1999]。

b　ソーシャル・サービス局によるもの
- 公立デイ・ナーサリー
必要のある子ども（children in need）に対しデイケアを提供する。必要のある子どもとは不利な環境（disadvantaged 貧困），剥奪された環境（deprived 移民，孤立，放置，虐待），障害（disabled）のいずれかの条件を備えた子どものことである。共稼ぎで母親が働いている子どもは「必要がある」とはみなされない。

c　地方教育局とソーシャル・サービス局の合同
- 統合保育センター（combined nursery centre）
教育とソーシャル・サービスの2つの局より財源が出され，教育とケアが統合されたサービスを行う。

d　民間：ソーシャル・サービス局への登録が求められるもの
- チャイルド・マインダー

自宅で数時間，またはフルタイムでファミリー・デイ・ケアを提供するもの。費用はフルタイムで週50ポンドが相場 [Khan and Kamerman 1994]。3歳未満児に多い。
- 私立デイ・ナーサリー

  有料のデイ・ナーサリーで，全額親が負担するため高額な場合が多い。フルタイム，パートタイムのいずれの利用もできる。フルタイムの場合週に150ポンド程度となる [Khan and Kamerman 1994]。
- コミュニティ・ナーサリー

  デイケアの手段の得られない親たちが当局から補助金を得て運営する共同保育所。
- プレイグループ

  親たちによって運営され，1日のうち数時間，週に数回開かれる。設備や内容については千差万別である。
- 独立ナーサリー・スクール

  公立のナーサリー・スクールにかわる有料の幼児教育機関で，公立のナーサリー・スクールが設置されていないか，独自の教育方針（例：モンテッソーリ法）を実践する場合に開かれる。

e　その他
- 独立校（independent school）の幼児部

  パブリック・スクール[7]の予備学校（preparatory school）である私立小学校の一部で，2歳から受け入れている。プレ・プレップ・スクールと呼ばれる。
- 職場内ナーサリー（workplace nursery）

  企業が有子社員に対する便宜をはかり職場内に託児室を設けているもの。

---

7)　イギリスの私立名門進学校の通称。

表4-1　保育従事者のもつ資格一覧

B Ed : Bachelor of Education　教育学士
Cer Ed : Certificate of Education　教員資格者
PGCE : Post-Graduate Certificate of Education　教育課程修了者
BTEC : The Business and Technician Education Council National Diploma　保育士
City & Guilds : City and Guilds of the London Institute　保育士
CPQS : Certificate in Post Qualifying Studies　保育士
DPQS : Diploma in Post Qualifying Studies　保育士
Mont Dip : Montessori Diploma　モンテッソーリ教師
NNEB : National Nursery Examination Board　保育士
NVQ : National Vocational Qualification　全国職業資格
RGN : Registered General Nurse　登録看護師
RSCN : Registered Sick Children's Nurse　登録病児看護師

Woodford & Zoysa (1993) より作成
出典：埋橋玲子（1995）

保育従事者の資格と就学前の子どもの状況

　幼児教育あるいはケアにたずさわる人の資格も多様であった（表4-1）[8]。

　また，これまで述べてきたように，イギリスの義務教育就学年齢は5歳であるが[9]，子どもが就学するまでに経験する幼児教育あるいはデイケアの経験は，地域や家庭の状況など子どものおかれた環境によって大きく左右される。地域によって3・4歳児はナーサリー・スクール／クラスを経験することなく，しばしば小学校の低学年クラス（infant class）に在籍する。

　図4-1は就学前の子どもが家庭外で受ける教育やケアの一般的なパターンを示したものである。その他ナーサリー・スクール／クラスとチャイルド・マインダーが組み合わされたり，デイ・ナーサリーとナーサリー・クラスが組み合わされたりするなど，1人の子どもをとっても「つぎはぎ」なチャイルドケアの状況がある。

---

8)　1993年当時。
9)　北アイルランドは4歳。

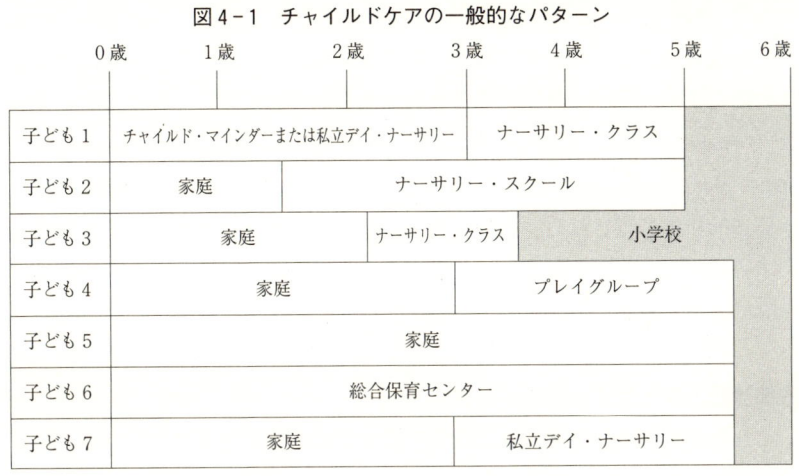

図4-1　チャイルドケアの一般的なパターン

	0歳	1歳	2歳	3歳	4歳	5歳	6歳
子ども1	チャイルド・マインダーまたは私立デイ・ナーサリー				ナーサリー・クラス		
子ども2	家庭		ナーサリー・スクール				
子ども3	家庭			ナーサリー・クラス		小学校	
子ども4	家庭				プレイグループ		
子ども5	家庭						
子ども6	総合保育センター						
子ども7	家庭				私立デイ・ナーサリー		

出典：Facts and Figures (1995)

7　変化の兆し

子ども法の制定

　1989年11月に制定された子ども法は，イギリスで初めて議会が子どもを対象とした，総括的な法律であり，既存の法律を統合・整理し，実際的で統一性のとれた法体系としたものである。子どもの処遇について，個人と行政，特に地方自治体のソーシャル・サービス局との関係についての法律が統合された。1989年子ども法は家族の自律性と子ども保護についての新たなバランスを形成するものであった。この法律のパートⅩは「デイケアとチャイルド・マインディング」であり，チャイルドケアについての章として設けられている。

ナショナル・カリキュラムの影響

　一方，1988年には下院の教育・科学・芸術委員会がレポート『5歳未満児

の教育（*Educational Provisions for the Under Fives*）』を発行し，保護者の意見もまとめ現状分析を行い，幼児教育の必要性を説いた。1989年3月には教育科学大臣により，「3・4歳児に提供される教育的経験の質についての調査委員会（Committee of Inquiry into the Quality of the Educational Experience Offered to 3- and 4- olds)」が組織され，レポート『良質のスタート（*Starting with Quality*）』が翌1990年に発行された。この委員会の目的は，ナショナル・カリキュラムの求めに応じられるような就学前教育のあり方を探ることと，政府予算計画を立てることにあった。

政策課題となったチャイルドケア

第2次世界大戦後より1997年政権交代までのチャイルドケアをめぐる動きは，資料4-1に示すとおりである。

1990年代に至り長引く経済不況と国民の学力の低水準，他国との比較で明らかとなったイギリスのチャイルドケアの立ち遅れ，戦後の学校教育の拡大が高等教育機関までほぼ行き渡ったこと，これらの要因が重なり，政府はまず就学前教育の拡大に着手した。イギリスの国力増進に向け，国際競争力をもった産業を担う人材の育成のために生涯学習の重要性が主張され，一連の教育改革とともに生涯学習の出発点である幼児教育の拡充が時の保守党政権の重要な政策的課題となったのである [National Commission on Education 1993]。

女性労働力の確保

また出生率の低下は将来の労働人口不足を危惧させ，まだ労働力化が可能な分野として幼い子どもをもつ母親が注目されるようになった [David 1990]。将来の労働力不足は「人口学的時限爆弾（demographic time bomb）」と呼ばれ，これまで家庭にとどめおくものとされていた女性を「手付かずの潜在力（untapped potential）」と呼び労働力として活用する発想が生まれたのである。

1991年，時の首相ジョン・メイヤーの後援により「オポチュニティ2000」と呼ばれるプロジェクトが立ちあがり，女性労働力を確保するために企業を

4 チャイルドケアの歴史

資料 4-1　イギリスのチャイルドケアをめぐる動き（第 2 次世界大戦後〜1997年）

1948	保育室とチャイルド・マインダー規制法制定。
1960	8/60通達；教育大臣は年長の子どもの教師を増やすために，地方当局が新たな幼児教育の機会を設けることを特に抑制した。
1961	PPA（Pre-school Playgroups Association）設立；プレイグループ運動の始まり。
1967	プラウデン・レポート；幼児教育における遊びの重要性を認めたが，女性の就労を可能にするようなフルタイムの幼児教育は行うべきでないとした。
1968	教育優先地域でのプレイグループ；親と地域を巻き込んでのコミュニティ・デベロプメントの手法
	1948年保育室とチャイルド・マインダー規制法の実施。
1970	コミュニティ・デベロプメント・プロジェクト
1971	シーボーム・レポート（1968年）を受けてイングランドではチャイルドケア吏員は総務的なソーシャルワーカーとなり，保育室とチャイルド・マインダー規制法を実施するために新たな5歳未満児担当ポストをおく。
1972	白書『教育：拡大への枠組み』で4歳児に公費で幼児教育を実施することを約束。
1973	幼児教育についての通達（教育科学省）。
1975	子ども法制定；行政の児童保護失敗事例にかんがみたもの。親の権利の制限。
1977	全国チャイルド・マインディング協会設立；BBCテレビ番組「他人の子ども」のあとを受ける。
1978	全国乳幼児ネットワーク（National Early Years Network）の前身，5歳未満児連合協会（Voluntary Organisations Liaison Council for Under Fives＝VOLCUF）設立。
1980	教育法の変化始まる；ナショナル・カリキュラム，地方自治による学校運営，標準テスト，リーグテーブル。
	デイケア・トラストの前身，全国チャイルドケア・キャンペーン開始。
1983	DHSS（Department of Health and Social Service）・5歳未満児イニシアティブ，小規模補助金計画を含め，ボランタリー部門の乳幼児プロジェクトに財源を与える。
1984	下院のソーシャル・サービス委員会が，公的保育での予防的な取り組みの欠如を指摘。
	職場内保育室キャンペーン開始。
1985	地方自治体で統合保育センターの取り組みの開始。
1986	NCB（National Children's Bureau）に5歳未満児ユニットができる。
1987	クリーブランド事件（児童虐待）報告。
1988	下院・教育科学芸術委員会のレポート『5歳未満児の教育』発行。

	教育改革法制定。
1989	子ども法制定。
	DHSS・第2次5歳未満児イニシアティブ。
1990	『良質のスタート』レポート発行；3，4歳児の遊びを基礎にした教育の重要性とすべての3，4歳児が幼児教育を受ける権利を主張したが，政府からは黙殺された。
	チャイルドケア運動会議；職場保育室キャンペーン継続。
1992	地方自治体乳幼児関係者団体設立。
	EU理事会により仕事と家庭の調和のための家族支援の必要性が勧告される。
1993	NVQ（全国職業資格）・チャイルドケアと教育部門が設立。
	ブリストル大学のサフォーク・カレッジで初めて幼年教育の統合学位が出される。
	教育に関する全国委員会レポート『成功するための学習』発行。
	TEC（Training and Enterprise Councils）管轄の学校外サービスについてのイニシアティブについて声明。
1994	ヨーロッパ委員会白書『ヨーロッパ社会政策：統合への道』発行。
	レポート『初期学習の重要性』発行。
	レポート『見えるが聞こえない』発行；公的機関の協同の必要性と予防策としてのデイケアに焦点を当てた小児保健とソーシャル・サービスに関する報告。
1995	チャイルドケア運動会議開催；チャイルドケアは依然組合問題である。
	未承認チャイルドケア・設立；幼少児の母親の就業促進。
	DH（Department of Health）レポート『子ども保護：研究成果から』発行。
1996	レポート『5歳待機』発行：地方の乳幼児サービスの評価と将来構想。
	DHによる子ども関係のサービス見直し；子ども法実施の不備をおぎなうため。
	幼児教育と補助金学校法制定。
	幼児教育バウチャー実施第1期
	コンサルテーション・ペーパー『仕事と家庭生活；チャイルドケアの考え方と選択』発行。

出典：Jamieson & Owen (2000) より作成

挙げての組織的努力が行われた。企業は職場内保育室の設置，ファミリー・フレンドリーな勤務形態，組織改編などを行い，女性労働力の開発にむけてのポジティブ・アクションを取りはじめた。政府の姿勢はこの時点では企業任せのものであった [Rees 1992]。

ま と め

3つの時期

　産業革命の進展とともに女性の家庭外での労働が始まり，それとともに家庭外でのチャイルドケアの必要性が生まれた。19世紀をイギリスのチャイルドケアの黎明の期であるとすると，大きく20世紀はじめまでの時期，20世紀前半の戦時期，20世紀後半の停滞期とわけることができる。

　20世紀はじめまでの時期，家庭外でのチャイルドケアは女性労働とそれに伴う貧困とともにあった。働く母親はチャイルド・マインディングあるいはデーム・スクールという自助的な保育手段に頼らざるを得なかった。ボランタリーあるいはチャリティによる集団保育の機会があるにはあったが，その数は微々たるものであった。公立小学校が2歳から子どもを収容し，事実上の保育施設の役割を果たしている時期もあった。

　戦時中は，他の国にもみられたように，男性の出征による労働力不足を補うために家庭から女性が駆り出され，女性を労働につかせるために保育室の数が増大した時期である。

　第2次世界大戦後，イギリスは「男性ブレッド・ウィナー，女性ホーム・メーカー」モデルのもとに福祉国家を構築した。母親の手で可能と考えられる一般家庭での子育ては政府が責任を負うべきところではなく，乳幼児の公的保育（ケア）サービスは社会福祉の文脈でニーズのある子どものみを対象とするにとどめられた。就学前幼児の教育は義務教育以上の教育拡大の陰でつねに後回しにされた。

公的チャイルドケアの不備とチャイルドケアの多極化

　1960年代は乳幼児の教育とケアに世間的な関心が高まりながらも政策が講じられることはなく，保育サービスを求める親と公的サービスの不在のギャップがますます拡大した時期である。そのギャップを埋めたのがプレイ

グループとチャイルド・マインダーであった。それぞれの動きは利用者の社会的階層の相違を背景にまったく別々の展開をみせ、それとともに私立のナーサリー・スクール、デイ・ナーサリーなど保育サービスの多極化が進行した。そのようななか、プラウデン・レポート、シーボーム・レポートを受けて60年代の終わりごろより公的保育（ケア）サービスの定員は費用を抑えられつつも増加していった。

その結果1990年前後に至るまで、イギリスの各地でチャリティ、ボランタリー機関あるいは個人によるチャイルドケアあるいは就学前教育機会が多様な発達を遂げた。イギリスの就学前教育と公的な保育（ケア）サービスは他のヨーロッパ諸国と比較して、その普及に大きく遅れをとることになった。

保守性に根ざしたチャイルドケアの不備

チャイルドケアの不備は一般家庭の母親の経済的役割を認識しないものであり、1950年半ばより増加しつつあった母親の労働力化を無視するものであった。もはやひとりのブレッド・ウィナーだけの稼ぎでは家計を維持することは困難であり、子どもの誕生により妻の収入がなくなることは子育てのみえないコストを増大させるものであった [Cohen & Fraser 1991]。

もう一度強調すると、第2次世界大戦後のチャイルドケアの停滞、保育（ケア）サービスの未発達は「女性の居場所は家庭」という保守性に根ざしていた。だが社会・経済情勢の変化、女性の労働力化の進展、家族の変化は大きく、1990年前後を境としてイギリスのチャイルドケアは大きな変化を迎えることになるのである。

［文献］

Cohen, B. (1993) '26 The United Kingdom', in Cochran, M. (eds.) *International Handbook of Child Care Policies*, Greenwood Press.

Cohen, B. and Fraser, N. (1991) *Childcare in a Modern Welfare System*, IPPR.

David, T. (1990) *Under Five-Under Educated ?* Open University.

Jackson, S. (1993) 'Under Fives : Thirty Years of No Progress ?' in Pugh, G. (ed.) *30 Years of Change for Children*, National Children Bureau.

Jamieson, A., & Owen, S. (2000) *Ambition for Change*, National Children's Bureau.

Kahn, A. J. and Kamerman, S. B. (1994), *Social Policy and the Under-3s : Six Country Case Studies*, Cross-National Studies Research Program, Columbia University School of Social Work.

Lowe, R. (1988) *Education in the Post-war Years : A Social History*, Routledge.

Mackinnon, D. and Satham, J. (1999) *Education in the UK : Facts and Figure*, Hodder & Stoughton.

National Commission on Education (1993) *Learning to Succeed*, Heinemann.

Rees, T. (1992) 'Demographic Change and Positive Action', in *Women and the Labour Market*, Routledge, 108-131.

Tizard, J., Moss, P. & Perry, J. (1976) *All Our Children*, Temple Smith/New Society.

Whitbread, N. (1972) *The Evolution of the Nursery-Infant School*, Routledge & Kegan Paul（田口仁久訳［1992］『イギリス幼児教育の史的展開』酒井書店）.

埋橋玲子（1995）「イギリスの幼児教育と保育：日本の幼児教育―保育に示唆するもの―」『姫路学院女子短期大学紀要』第23号.

5

1997年政権交代による変化
―― 全国チャイルドケア戦略の展開 ――

はじめに

　1988年には教育改革法が制定され，1990年代のはじめには義務教育段階ではナショナル・カリキュラムの制定とそのアセスメントの実施により学力水準の向上に力が入れられていた。そのころ高等教育・継続教育段階の改革は一段落を迎えていた。これら義務教育段階以上の教育改革の次にくる課題は，就学前教育の拡充である。それは幼児教育バウチャー計画により実行されようとしていた。また一方では，1989年子ども法に根拠をおいたチャイルドケア・サービスのレビューが実施されていた。

　このように，1997年の政権交代以前には就学前の乳幼児を対象とした教育とケアの供給がすでに政治的課題となり，チャイルドケア分野での変化は徐々に起こりつつあった。政権交代以後，変化は大きなうねりとなり，さまざまな変革をもたらした。その大きな変化はどのように進行していったのだろうか。

1　親が働く家庭 working family の支援

家族への関与

　イギリスは明示的な家族政策を採る国ではなく，伝統的に家族という私事領域に立ち入ることを避けていた。国家が家族問題に立ち入るのは，何らかの不都合が生じた場合に限られていた。しかしながら社会情勢の変化と家族

をめぐるさまざまな変化は，イギリスにおける家族と国家の関係に変化をもたらした。

1998年，政府は家族に関する審議書『家族支援 (*Supporting Families*)』を発行し，「家族は政府からのサポートを求めている」と明言した [Home Office 1998]。いわば家族機能の強化が国を挙げての目標として設定されたのである。同書は以下のように記している。

――家族は私たちの社会の心臓である。私たちのほとんどは家族とともに住み，家族は愛とサポートとケアを与えてくれるために価値がある。家族は私たちを教育し，善悪を教える。私たちの未来は家族が子どもを育て上げることの成否にかかっている。そのため私たちは家族の生活を強固なものとすることに関与するのである。

現代的家族政策

イギリス政府は家族政策の中心を「子どもの利益が最優先される」ことにおき，「子どもには安心と安全が必要である」「親の代理ではなく親の子育てを支援する」という認識を示した。その上で，現代的家族政策 (modern family policy) を打ち出した。その5本柱と主な内容は以下のようなものである。

a 親に対するより良いサービスと支援
- 全国家族・親業研究所 (National Family and Parenting Institute) の新設
- 親対象の電話相談 (helpline)
- 保健訪問 (heath visiting) の強化
- 貧困地域でのヘッドスタート「確かなスタート (Sure Start)」

b 家族への経済的支援
- 児童手当 (Child Benefit)
- 働く家族のタックス・クレジット
- 保育費用タックス・クレジット

- ひとり親就労促進（The New Deal for Lone Parent）
- 教育手当

c　家庭と仕事の調和支援
- 被雇用者の家族を大切にする権利
- ファミリー・フレンドリー企業実践

d　結婚の絆の強化
- 結婚の支援，成人の関係の支援，関係破綻の葛藤を減じる

e　深刻な家庭問題の支援
- 子どもの学習問題，少年犯罪，十代の妊娠問題，ドメスティック・バイオレンスに対して

　このような背景の下に，働く家族にとってチャイルドケアは必要不可欠なものであるという視点が政策的に発生することになった。

全国チャイルドケア戦略

　政府のチャイルドケア政策の総元締めとでもいうべきものが「全国チャイルドケア戦略（National Childcare Strategy）」という名称のイニシアティブである。この戦略は1998年5月に教育雇用省により発行されたコンサルティション・ドキュメント『チャイルドケア課題への挑戦（*Meeting the Childcare Challenge*）』の中で提案された。1998年以降，この戦略のもとに個別的な政策が展開され，必要に応じて省庁合同のプロジェクトとして実行されるに至った。

　この全国戦略は次の3つの目的をもつ。
　a　チャイルドケアの質の向上（The quality of care is improved）
　b　より多くの家族にとって費用が支払い可能な範囲のものとなるようにする（More families are able to afford childcare）。

c　より多くの定員と情報を提供する（There are more childcare places and better information about what is available）。

　親たちがフルタイムで子どもの世話をするにせよ，あるいは仕事や教育，訓練と親であることを両立させるにせよ，すべての子どもにふさわしいチャイルドケアが提供されなくてはならない，とされた。イングランドでは3億ポンドが計上され，以後5年間で新たなチャイルドケアの場が設置されることが目指され，類似の戦略がウェールズ，スコットランド，北アイルランドでも展開された。

サービスの統合に向けて

　ここで関連機関の相互関係をあらわした図5-1（1998年現在）を示す。まず国の政策レベルで主として幼児教育ならびに保育（ケア）に責任を負っているのは教育雇用省である。複数の省庁の協同によるユニットが，「確かなスタート」プロジェクトを実施している。保育機関で提供される保育の質や水準の審査は，政府から独立したOFSTEDによって行われる。

　保育機関の財源は，地方教育局（Local Educational Authority）等，チャイルドケア・サービスの内容に応じて複数存在する。直接子どもに関係するのは保育機関（機会）であるが，そのプロバイダーの性質によって，公的セクター，ボランタリーセクター，営利セクターと3つに分類される[1]。

---

1)　①公的セクター：地方教育局（公立ナーサリー・スクール／クラス，小学校の幼少部，レセプション・クラス，スペシャル・スクール，学童保育），ソーシャル・サービス局（公立デイ・ナーサリー），2局合同：統合保育センター，家族センター
　　②ボランタリーセクター：ボランタリー・プレイグループ，親・乳児グループ，コミュニティ・ナーサリー，友人・近所・親戚
　　③営利セクター：施設型（私立デイ・ナーサリー，私立ナーサリー・スクール，有名私立学校幼児部，営利プレイグループ，職場内保育室，独立学校），家庭型（チャイルド・マインダー，オペア／ナニー）

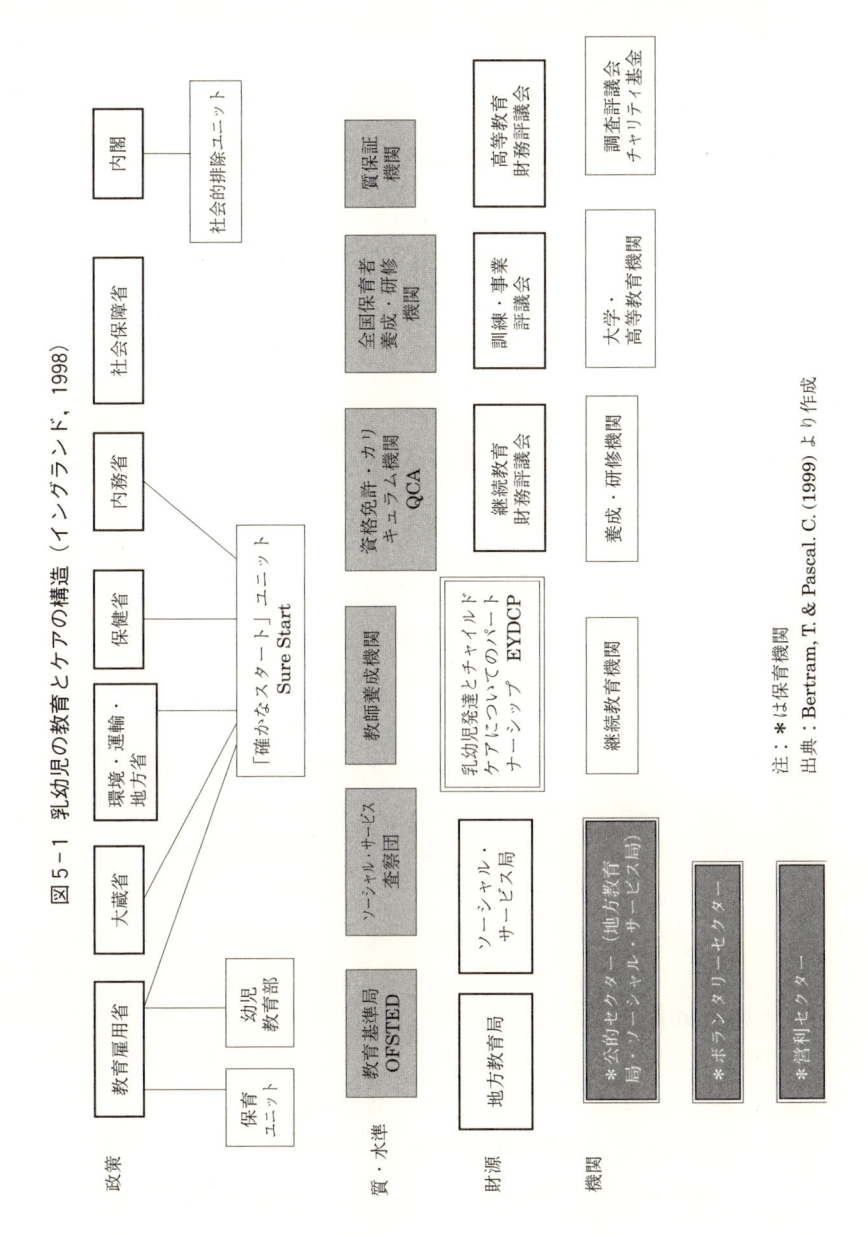

図 5-1 乳幼児の教育とケアの構造（イングランド、1998）

政策

- 内閣
- 社会保障省
- 内務省
- 保健省
- 環境・運輸・地方省
- 大蔵省
- 教育雇用省
  - 幼児教育部
  - 保育ユニット

社会的排除ユニット

「確かなスタート」ユニット Sure Start

質・水準
- 教育基準局 OFSTED
- ソーシャル・サービス査察団
- 教師養成機関
- 資格認評・カリキュラム機関 QCA
- 質保証機関
- 全国保育者養成・研修機関

財源
- 地方教育局
- ソーシャル・サービス局
- 乳幼児発達とチャイルドケアについてのパートナーシップ EYDCP
- 継続教育財務評議会
- 訓練・事業評議会
- 高等教育財務評議会

機関
- ＊公的セクター（地方教育局・ソーシャル・サービス局）
- ＊ボランタリーセクター
- ＊営利セクター
- 継続教育機関
- 養成・研修機関
- 大学・高等教育機関
- 調査評議会・チャリティ基金

注：＊は保育機関
出典：Bertram, T. & Pascal, C. (1999) より作成

2 全国チャイルドケア戦略

乳幼児発達とチャイルドケアについてのパートナーシップ：EYDCP

　上記の全国チャイルドケア戦略は，具体的には各地方教育局の責任のもとに展開されるが，その詳細は以下のようなものである。

　1997年10月に「乳幼児発達についてのパートナーシップとプラン（Early Years Development Partnership and Plans，以下 EYDPs）」のガイドラインが教育雇用省より発行された。地域の親たちのニーズに応え，家族への支援を提供し，幼児教育とデイケアの統合を認識し，協同とパートナーシップに基づき，経費とアクセスと機会の平等について考慮することが求められた。

　EYDPs は，公式には1998年6月の「学校水準と体制についての法（School Standards and Framework Act）」によって根拠を得た。この法に基づき1998年10月には EYDPs は「乳幼児発達とチャイルドケアについてのパートナーシップ（Early Years Development and Childcare Partnership，以下 EYDCP）」に置き換えられた。

　1999年9月現在でイングランドには150の EYDCP のプロジェクトが実行され，ウェールズ，スコットランド，北アイルランドにおいても同様のパートナーシップが開発されつつあった。EYDCP は雇用者，親，訓練機関，チャイルドケア供給者を含め，地域におけるすべての関係者の代表によって構成されている。このプロジェクトでは教育雇用省からの補助金その他を財源とし，新たなチャイルドケアの機会の開発と組織化に責任を負っている。

無償幼児教育の提供

　EYDCP の最初のゴールが，先述の，すべての4歳児に無償で幼児教育を提供することであった。1998年9月より，親が希望するすべての4歳児に少なくとも，年間33週・就学前の3学期間・週5回・1回につき2時間半のセッションが無償で提供されることになった。これは幼児教育のプロバイ

ダーそれぞれの機関に,相当する人数分の補助金を与えることで実行される[2]。

すでに前保守党政権はバウチャー計画により幼児教育の拡充に着手していたが,労働党は政権交代後直ちにバウチャー計画を廃止した。そして新たに幼児教育補助金(Nursery Education Grant)制度に移行し,バウチャー計画の財源や「幼児教育の望ましい成果(Desirable Outcomes for Children's Learning＝DLO)」と呼ばれる就学前教育目標の設定[3],レセプション・クラス入学時のベースライン・アセスメント(Baseline Assessment)と呼ばれるアセスメントの実行,査察制度については基本的に踏襲した。

公立・私立,ボランティアを問わず,OFSTEDによる査察を受けることが幼児教育の財源を与えられることの条件である。査察のレポートは公開され,親たちの保育機関選択の基準となる。

保育重点センター

乳幼児の発達保障と水準向上(early excellence)に向けて政府は協同とパートナーシップ,統合されたサービスを主張した。そのための先行的プログラムとして25か所の「保育重点センター(Early Excellence Centre)」の設置が計画され,1997年9月,まず7か所が設置された。センターは関係機関のネットワークと協力により,教育とデイケア,家族支援サービスを提供し,保育従事者のトレーニングおよびモデル機関として機能する。

コミュニティ・ナーサリー

上記の保育重点センターだけではなく,従来からのコミュニティ・ナーサリーが,各種財源とプレイグループ等の社会的リソースの活用,地域のグ

---

2) 機関の種類によるのではなく,たとえばデイ・ナーサリーであれば,その幼児教育機能部分に対してグラントが与えられるのである。
3) なおDOLは2000年9月より新しい『初期学習目標(*Early Learning Goals*)』(以下,ELG)に置き換えられ,入学時のアセスメントの方法も変更された。

ループや個人のボランタリー活動の吸収などにより，教育とデイケア，家族支援サービス等統合されたサービスを提供している。

調査により EYDCP の成功例が紹介されているが [DfEE 1999]，それによると，プライベートのデイ・ナーサリーの高い保育料を納めることができない家族に，非営利のコミュニティ・ナーサリーは支払い可能な保育料で子どものデイケアおよび教育を提供していることがわかる。

貧困地域でのチャイルドケア・サービスの需要と供給のギャップを埋めるために，親または地域機関によって非営利で設立され，運営される保育機関と定義される。イングランドでは256のコミュニティ・ナーサリーがおよそ8,000席（定員）を提供している [DfEE 2000]。

「確かなスタート（Sure Start）」プロジェクト

このプロジェクトは1997／98年の省庁合同セミナーより発議されたものであり，1998年6月に「確かなスタート」ユニットとして発足した。それは省庁合同戦略であり，社会的排除を予防し，教育水準を上げ，保健の不平等を減じ，機会を促進することを目的としている。

「確かなスタート」プロジェクトは，対策を必要とする地域の4歳以下の子どもをもつ家族と親たちに働きかけ，子どもたちが健全に成長し就学年齢に達したとき「学ぶ準備」ができているようにするものである。

1999年3月には，あらかじめ中央政府より示された重点地域（Sure Start Trailblazer areas）への適用が実施され，60の不利な状況にある地域が対象となった。2002年の終わりまでには250拠点で実施されることが目標とされた。

保育分野従事者の職業訓練と資格

1997年，全国職業資格免許委員会（National Council for Vocational Qualifications）と学校カリキュラム・評価機関（School Curriculum and Assessment Authority）が合併し，資格免許・カリキュラム機関（Qualifications and Curriculum Authority，以下 QCA）となった。この機関は直接に資格を発行するのではなく，養成・資格免許発行機関の管理を行い，資格・免許のランクづけを行う機関である。

1998年5月には子ども関連職全国訓練機関（Early Years National Training Organization，以下 EYNTO）が教育雇用省によって認定された。EYNTO は「児童のケアと教育・全国職業見習い（National Traineeship in Early Years Care and Education）」の枠組みを考案した。1999年9月より開始され，雇用者は見習い制度を提供できるようになり，研修と実習，査定と見習い者の支援にかかわることになったのである。見習い制は平均で2年かかり，児童のケアと教育分野の全国職業資格（National Vocational Qualification 以下 NVQ）レベル2[4]を与える。

1999年10月，『幼児教育・チャイルドケア・プレイワーク全国認定資格の枠組み（*A Framework of Nationally Accredited Qualifications in Early Years Education, Childcare and Playwork*）』が QCA より発行され，児童とその関連領域についてのキャリア形成の階梯が示された（後述）。

幼児教育とデイケアの法による規制

1998年，教育雇用省と保健省が合同で『幼児教育とデイケアの基準と査察に関する審議書（*Consultation Paper on the Regulation and Inspection of Early Education and Day Car*）』を発行した。これまで機関や地域ごとに複数存在している基準や査察の制度の整理統合をはかり，教育とケアが統合された質の高いサービスを提供し，サービスのプロバイダー，子ども，保護者の3者が利益を得ることを目的にしている。

審議の結果に基づいてモニタリングが行われるが，審議書は次の分野をカバーする38の質問より構成されている（規制されるべき基準，セッティングの標

---

4) NVQ は GCSE（中等教育修了証書）と関連した形で職業資格のレベルをあらわそうとするものである。レベル1でおおむね中等教育修了レベル（日本の高校卒業レベル）である。

準，大人／子どもの比率，設備，査察，登録，開発，強化，報告と情報，保育料，今後の展望）。

減税措置＝チャイルドケア・タックス・クレジット

　チャイルドケアの費用の補助となることを目的として，ワーキング・ファミリー・タックス・クレジット（Working Family Tax Credit）（以下，WFTC）が1999年10月より給付されている。WFTCは中・低所得者層を対象とし，4つの部分より構成されていた。
- 家族ごとの基礎的なタックス・クレジット
- 週に30時間以上働く者がいる場合，30時間タックス・クレジット
- 子どもの年齢に応じてそれぞれの子どもに与えられるクレジット
- チャイルドケア費用のうち1子ならば70ポンド，2子なら105ポンドを限度に与えられるチャイルドケア・タックス・クレジット

企業とのパートナーシップ

　2000年3月，ブレア首相はブランケット教育雇用省大臣とともに「仕事と生活のバランスをとること（Work-Life balance）」のキャンペーンを立ち上げた。これは雇用者に対し，被雇用者が自分の就業とそれ以外の生活の部分とのバランスをとるようにするための柔軟な労働形態の導入を奨励するものである。

3　保育ワーカーのトレーニング

ワークホースの現状

　全国チャイルドケア戦略の過程で，保育ワーカーに対しプラクティショナー（practitioner＝実践者）の名称が用いられるようになった。その背景には次のような状況がある。
　保育ワーカーの実態はこれまでのチャイルドケアの多様性を反映して，さ

表5-1 保育従事者の資格・学位の現状（1996）

＊BA (Ed)/Bed/BAdd	教育 Teaching	13.8
＊PGCE		3.3
Cert Ed（2年）		2.2
Cert Ed（3年）		15.8
NNEB, C&C	2年以上の養成課程	20.9
NVQs		0.5
BTEC		0.8
Montessori certificate	モンテッソーリ教師	2.4
PPA Diploma in playgroup practice	プレイグループリーダー	7.9
PPA tutor and fieldwork course		0.5
PPA short course		6.6
PPA further course		1.5
＊BA	その他の学位 degree	4.0
＊BSc		1.5
SRN		0.9
＊＊MA/Med/MAdd		0.8
＊＊＊MPhi/PhD		0.1
その他		6.1
なし		10.4
複数		7.0

＊＝学部学位　＊＊＝修士　＊＊＊＝準博士，博士
出典：Blenkin et al. (1996)

まざまな資格等のもち主がおり，決して一様でない。大学院や大学を卒業した学位の保持者がいる一方で，経験は豊かであるがフォーマルな資格を何ももっていない者もいる。プラクテショナーに対するブレンキンらの調査の結果をあらわしたものが表5-1である。教師の資格は現在では学士以上のものがもつが，表では3割強の割合を占めている。ケア関連の資格では中等教育終了後2年以上の課程を修了したものが最も一般的である。しかし何も資格をもたないものが1割を占めている。

問題点

パフは保育従事者の養成や資格，継続研修についての問題点として以下の点を挙げている [Pugh 2001]。

- すべてのセクターで訓練を受けたスタッフの慢性的な不足。
- 私立とボランタリーセクターで5歳未満児の保育に当たるものに資格が欠けている。
- 資格が多種多様。
- 教師の中には子どもの発達をそこなうカリキュラムを用いた不適切な内容の養成教育を受けた者がいる。
- レセプション・クラスの教師は幼児教育の教師として養成されていないものの割合が高い（調査によればふさわしいトレーニングを受けたものは37％しかいない）。
- 養成のための財源不足。
- 職業資格認定機関と教師養成機関との連携の欠如。

教育に関しては教師という一定の要件を求めているが，教師として養成されていても，必ずしも乳幼児の特性とそれをふまえた幼児教育方法を学んでいるものではない。このことは長年にわたって幼児教育の公的教育機関を通しての普及が限られたものであったという事情と関係がある。幼児教育の教師に対する需要が低いものであったので，その養成の必要性が高くなることがなかった，すなわち少数の養成課程しか必要なかったのである。また同様に長年にわたるイギリスの幼児教育とケアの乖離は，それぞれの分野の従事者の連携を困難にしていたのである。

職業階梯

政府は高まるチャイルドケアの需要を満たすと同時に，従事者が一定の資質を備えることができるようにするための手段として，NVQ[5]の導入と既

---

5) ＝National Vocational Qualification.（全国職業資格），p. 105 参照。

表5-2 児童とその関連領域についてのキャリア形成の階梯

職名	資格の名称	NVQ
• ナーサリーアシスタント • プレスクールアシスタント • 託児室アシスタント • ペアレント／トドラープレイグループアシスタント • プレイグループアシスタント • おもちゃライブラリーアシスタント • ホームスタートワーカー • マザーズヘルプ • ベビーシッター，オペア	CACHE（*1） チャイルドケアと教育・レベル2・サーティフィケイト C&G（*2） 乳幼児ケアと教育レベル2プログレッシブアワード	乳幼児のケアと教育・NVQレベル2（*4）
• ナーサリースーパーバイザー • プレスクールリーダー • 託児室リーダー • プレイグループリーダー • 特殊教育助手 • ナーサリーナース • ナニー • チャイルドマインダー	CACHE チャイルドケアと教育・レベル3・ディプロマ（*4） チャイルドマインダー協会 チャイルドマインディング・レベル3・サーティフィケイト 児童育成専門職・レベル3・サーティフィケイト	乳幼児のケアと教育・NVQレベル3（*3）

出典：*A Framework of Nationally Accredited Qualifications in Early Years Education, Childcare and Playwork* より作成。

注：*1 CACHE はチャイルドケア分野での資格・免許発行にあたり，有力な団体である（＝the Council for Awards in Children's Care and Education 児童のケアと教育の資格・免許発行委員）。

*2 C&G は各種資格発行団体であり，多くの職種を対象としている（＝City and Guilds of London Institute）。

*3 この NVQ は C&G, CACHE, EdExcel, Open University によって与えられる。

*4 以前は乳幼児保育（7歳まで）分野の NNEB（＝National Nursery Examination Board）ディプロマとして知られていた。

存の多岐にわたる資格を一定の枠組みの中に位置づけることを実行した（表5-2）。今日ではケアと教育，家族支援あるいはスペシャル・ニーズへの対応，ソーシャルワークなどさまざまな専門的知識および技能が保育従事者に求められている。プラクティショナーにも学位レベルの専門性が求められるようになっている [Fawcett & Calder 1998]。

専門性の段階を設けるにはその基準が明確でなくてはならない。具体的には必要な基礎能力は GCSE[6]やAレベル[7] という学業の達成度で示され，専門的技能・知識はモジュール化されて習熟度が可視的なものとなった。

その利点と考慮すべき点

このように保育職としての専門性に見習いから上級まで段階を設けたのであるが，この方法には次のような利点と考慮すべき点がある。

まずは保育職が専門職であることが社会的に認知され，個人としてはキャリアの見通しがもてる。これは雇用者の側からみれば見習いの雇用によって人件費のコストを抑えることができ，見習いの側からみれば職業訓練を受けることができるのである。政府の雇用対策からすれば失業対策，就業促進政策の側面をもつ。

だが一方では，このような職業資格である NVQ を導入することで保育従事者を低賃金労働者にしてしまうのではないか，あるいは幼児教育を有資格者とはいえ学位を得ていないものが提供することになり，保育の質的低下を招くのではないかという危惧も生まれた [Calder 1995]。

4　3つの事例

【事例1】保育フランチャイズのキッズ・アンリミティッド
―トレーニング，マンパワー，クオリティ・コントロール―

チャイルドケア・マーケット

働く母親の増加はチャイルドケアの需要を高めているが，公的な保育機関だけではその需要を満たしきれない。そこで民間でその需要と供給のギャッ

---

6)　＝General Certificate of Secondary Education の略。16歳時に義務教育を終えたものの前期中等教育修了証明書。科目ごとに発行される。
7)　＝'A' dvanced Level 上級レベルを意味し，大学に続く16～18歳の教育修了証明書。

プを埋めるものとして私立の保育機関が成長し，高まる需要のもとにひとつの「マーケット」として成立することとなる。

他方，労働力の質的向上はイギリス産業界の急務であり，特に16歳以後の青年の職業教育の占める重要性は大である。一般教育による底上げ，現代的な「徒弟制度」すなわち職場研修制度の開発，職業経験と並行する職業教育の提供など，さまざまな形でイギリス政府は若年労働力の水準引き上げをはかっている。教育は雇用と直結するものとみなされ，この観点から1995年，教育省は教育雇用省へ，さらに2001年には教育技術省へと改組された。

チャイルドケアのビジネスチャンス

高まる保育需要と若年労働力の育成，このふたつのビジネスチャンスをリンクさせて急成長を遂げたのが，キッズ・アンリミテッドというカンパニーである[8]。1983年，自宅で45人定員のプライベート・ナーサリーを開いたピカリング夫妻は，そのナーサリーの保育の質の高さから評判を高め，2年後には新たにNNEB[9]をもちソーシャル・ワーカーとしての経験ももつスタッフを新たに加え，第2のナーサリーを開いた。そして近隣の需要に応えてデイ・キャンプやアフター・スクールサービスも開始した。1986年には近隣の保険会社レフュージ・アシュランスと交渉し，カンパニーの第1号職場内ナーサリーを開く。

以後本格的な企業活動を展開し，1989年にはそれまでの「キッズ・オブ・ウィルムスロー」という名称を「キッズ・アンリミテッド」に変更し，ナーサリーのコンサルティング活動をはじめ多くのプロジェクトを全国的に発展させるに至った。

---

8) 筆者は1994年，1996年にカンパニーを訪問し，ジェニー・ピカリング氏へのヒヤリングと施設見学，資料収集を行った。
9) 保育士に相当する資格の一種。表5-2参照。

発展の経緯

　同1989年12月には政府からトレーニング・プログラムの開発のための9万ポンド（£1≒¥190としておよそ1,700万円）のグラントを獲得し，1992年，当時のNNEB協会との提携で開発した保育資格（Certificate in Nursery Practice）とNVQのためのトレーニング教材を普及させるためにNEED（=Nursery Education for Employment Development）を設立した。現在，キッズ・アンリミテッドは保育カンパニーとして大きく成長し，カリキュラム，トレーニングそして経営・財政面においても優良企業として高い評価を得るに至った。

　スタッフにはNVQの審査員も擁し，設立当初のオフィスは現在トレーニングセンターとして機能している。キッズ・アンリミテッドの急成長は，創立者であるピカリング夫妻が，教育者としての確かな理念と信念のみならず，ビジネス，マネージメントの才覚とを併せもち，時代の要請に真摯に応えていった点にその理由を求めることができるであろう。時代の要請という点に関しては，保育需要の高まりという現実への対応もさることながら「機会均等（equal opportunity）」という点でも世の中の流れ，政府の政策に沿った的確な対応をしている[10]。

クオリティ・コントロール

　キッズ・アンリミテッドのナーサリーでは本部がカリキュラムを提供し，どのナーサリーでも等しく質の高い保育を提供することをポリシーとしている。本部で専門のスタッフがカリキュラムを作成し，各ナーサリーに伝える。それぞれのナーサリーにはマネージメント担当者と，保育のスーパーバイズを担当するものと，有資格のスタッフ，そしてナーサリー・アシスタントが配置されている。

　実際にカンパニーの運営するナーサリーを訪問すると，マンパワーが非常

---

10)　筆者が訪れた傘下のナーサリーのうち，ケンブリッジ・ユニバーシティ・ナーサリーではマネージャーがオランダ人であり，カンパニーの機会均等のポリシーにより自分が雇用された，と語っていた。

に効果的に配置されていることがみてとれた。教員資格をもったティーチング・スタッフはいないが，そのぶん徹底したトレーニング・プログラムと統一カリキュラムを用い，NVQ の志願者をアシスタントとして活用し，巧みなマネージメントでコスト・パフォーマンスのよい保育を提供しようとしている[11]。

【事例2】ペングリーン・センター
　　　―イン・サービス・トレーニングと親のエンパワーメント

家族支援

　ペングリーン・センター[12]はすでに第2章で事例として取り上げたが，再び取り上げるのは次の理由による。繰り返すが，ペングリーン・センターが位置するコミュニティは，イギリスの社会福祉の文脈において「ニーズのある」地域であり，貧困対策として強力な家族支援が行われる。

　ペングリーン・センターでの家族支援は，子どもの発達に焦点を当てると同時に親たちに対しても十分な関心を向けることであった。その結果，教育

---

11) コスト・パフォーマンスがよいといっても保育料が「安い」ということにはならない。1994年の資料では，チャイルド・マインダーを利用した場合の保育料は週50ポンドが標準であり，このあたりが保育料としては若い両親の払える妥当なところであると思われる。1993年の資料（*Good Nursery Guide*）によれば傘下のグリフィン・ナーサリーの場合の保育料はランチ代を含めると週70ポンドとなり，「安くはない」といわざるを得ない。事実，カンパニーで営業担当の男性でさえ，「従業員割引があるから子どもを預けられるが，そうでなくてはとても無理」と語った。しかし同じ資料によると私立のデイ・ナーサリーの保育料は70ポンドから100ポンドが相場であり，安い方であるといえる。

12) すでに第2章で取り上げたが EC 保育ネットワーク（1986-1996）において，「ケアラーとしての男性」をテーマとしてイタリアのレッジョ・エミリアの幼児学校との国際共同プロジェクトを行っている。また，ネットワークを機縁としてスタッフをデンマークやスウェーデンの保育機関に派遣するなど，ヨーロッパにおける就学前幼児教育の潮流を取り入れている。その存在はアメリカの家族政策研究者でありヨーロッパ主要国のチャイルドケアの調査研究を行ったカマーマン，カーンによって，ソーシャルサービスと教育双方の専門家にとって模範的であると評価された［Kamerman, S. B. & Khan, A. J. 1994］。またイギリス国内においても保育重点センターとしての指定を早くから受けるなど，その実践に対する評価は高い。

プログラムに対する親の強力なコミットメントが可能になり、子どもの発達を保障するプログラムの実行と親のエンパワーメントが成立した。さらにその両者にかかわるワーカーにとってはそのプロセスがイン・サービス・トレーニングとなり、3者にとって望ましい関係が築かれることとなった。つまりペングリーン・センターは子どものケアと教育を媒介として強力な家族支援、そしてワーカーのキャリア・アップが成立している好例なのである。

スティク・ホルダー

センター運営の観点からみれば、子ども・親・スタッフがそれぞれスティク・ホルダー（利益関与者）として相互にかかわっていると表現できる［Whally 2000］。十分とはいえない財源の中での運営は、関係者間での絶え間ない交渉と意見交換により成り立っている。しばしば保育者は二重三重の役割を担うことになる。しかし、研修あるいはリサーチ・プログラムに参加することにより、自分の関与する子ども・家族に対する洞察が深まり仕事への意欲が高まるとともに、キャリア・アップへの道が開かれる。親たちは子どもの教育に深くかかわることにより、親役割を獲得し子育てにおける満足感・達成感を獲得するとともに、自分自身のエンパワーメントを可能にする。これらの状況が子どもの育ちに良い作用を及ぼすことはいうまでもない。

【事例3】ヨーク市における保育の質の保証システム

保育サービスの質的・量的向上を目指す

ヨークシャーに位置するヨーク市では教育サービス局のイニシアティブにより Shared Foundation for Children（以下、SF）プロジェクトが実施され、就学前サービスと学童保育（3～14歳）の統括を行っている。SFプロジェクトの目的は、ヨーク市において子どもに最上の就学前教育、遊び、ケアの機会を与えることにある。

そのスタッフの構成は図5-2に示したものである。保育の質の保証とともに保育機会の拡大という、サービスの質・量両面からのアプローチを行っ

図5-2 ヨーク市の保育サービスの質の保証システム

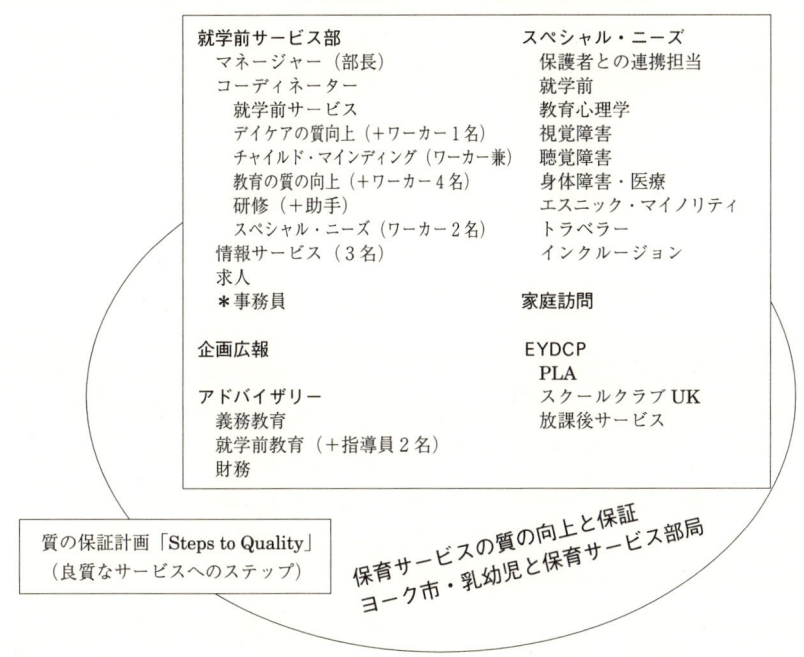

```
就学前サービス部                    スペシャル・ニーズ
  マネージャー（部長）                 保護者との連携担当
  コーディネーター                    就学前
    就学前サービス                    教育心理学
    デイケアの質向上（＋ワーカー1名）   視覚障害
    チャイルド・マインディング（ワーカー兼） 聴覚障害
    教育の質の向上（＋ワーカー4名）     身体障害・医療
    研修（＋助手）                    エスニック・マイノリティ
    スペシャル・ニーズ（ワーカー2名）   トラベラー
    情報サービス（3名）                インクルージョン
    求人
  ＊事務員                          家庭訪問

  企画広報                          EYDCP
                                   PLA
  アドバイザリー                      スクールクラブ UK
    義務教育                         放課後サービス
    就学前教育（＋指導員2名）
    財務
```

質の保証計画「Steps to Quality」
（良質なサービスへのステップ）

保育サービスの質の向上と保証
ヨーク市・乳幼児と保育サービス部局

ている。

サービスの各分野に専門家によるアドバイスが行われるようなシステムが作られており，前述の政府発行のガイドラインに沿った指導が実行されている。そのためにヨーク市用のガイドラインも作成されている。

就学前教育については保育所やプレイグループなどの巡回指導を行うことで質の保証を目指している。デイケアについてはサービス供給拡大とそれを支えるワーカーの求人・育成と財政的な支援が必要となるため，そのためのスタッフをおいている。質の向上のために研修が企画・実行される。

保護者への情報提供とフィードバック

その際に保護者は，地域のプラクティショナー（保育ワーカー，指導員）が

共通の目的と計画，研修を受けてチームとして働いていることをよく理解した上で子どもに最も適したサービスを選ぶことが求められている。したがって保護者の啓蒙という観点からの情報提供サービスに力を入れている。

また利用者からの情報のフィードバックも重要である。SFプロジェクトではサービスの利用の希望がある場合はプロバイダーを紹介し，選択は利用者に任せる（推薦はしない）。紹介をしたあとは利用状況とそのプロバイダーに対するコメントを収集することでフォロー・アップをはかっている。このシステムが質の保証を行うことになる。

チャイルドケアの拡大

ヨーク市は比較的豊かな地域であり，チャイルドケアの普及はラップ・アラウンドサービスと呼ばれるサービスの拡大によって行われた。就学前教育サービスを受けた子どもが引き続きケアを必要とする場合は同じ場所か（学校内保育室）あるいはごく近くの場所でサービスが提供されるという「継ぎ目のないサービス」の普及が目指された。

ヨーク市のSFプロジェクトは政府からの補助金等を得て運営されており，財源は比較的潤沢である。プロジェクトの立ち上げにはヨーク大学（当時）の研究者パット・ブロードヘッドが強力なブレインとして存在していた。

1997年以降のイギリスの就学前サービスは各地域の状況に応じて，既存の社会的リソースを最大限活用するという形で拡大してきた。一定の就学前教育（2年間，1回当たり2時間半，週5回，学期間）は無償で提供されるが，デイケアは有料である。これらのサービスの継ぎ目をなくすこと，サービスの供給拡大，質の向上にあたってはシステムづくりとシステム運営のためのコーディネートの重要性を示しているのがヨーク市の事例が示唆するところである。2004年10月には保育定員拡大計画も立ち上げられた[13]。

問題点として考えられることは，複数のサービス利用が引き起こす子ども

---

13) *A Shared Foundation for Children*, Issue 14, Winter 2004.

への影響である。現在はサービス供給の拡大の利点が評価されている段階であり，どのようなサービスを受けようとも同じ水準であるという一応の大前提（建前）が成立している。

5　「第3の道」とチャイルドケア

ニュー・レイバーの政治理念

　「第3の道」とは，1997年に誕生したブレア労働党すなわちニュー・レイバー政権の政治理念であり，旧来の労働党すなわちオールド・レイバーの政治理念（社会民主主義路線）ともサッチャリズム（新自由党路線）とも異なる新しい政治理念である［富士総合研究所 2000］。オールド・レイバーとサッチャリズムの政治理念の特徴は，「政府による市場介入を重視するか，市場のダイナミズムを重視するか」「大きな政府か，小さな政府か」「高福祉・高負担か，低福祉・低負担か」というように対極に位置づけられる。

　ニュー・レイバーは，まずオールド・レイバーの政治理念は市場がグローバル化するなかで高負担・高福祉を維持することは困難であり，政府による市場管理は非現実的であるとした。さらに，サッチャリズムは行き過ぎた個人主義の中でコミュニティや社会のもつ機能を軽視しており，また，「小さな政府」は本来政府が果たすべき役割を果たしていないとし，活力ある市場を公益に合致させるためには政府の関与が必要であると考えた。

　「第3の道」の特徴は，市場の活力を積極的に利用するが他方で政府が条件整備を行って市場が公益に適合するように調整する「条件整備国家」であること，福祉政策の重点を従来の手当て支給から人々の能力開発に移す「社会投資国家」であること，家族・地域社会・ボランティア団体などから構成され「市民社会の活性化」を重視すること，社会の一員としての「責任の強調」という4点が挙げられる。ニュー・レイバーは，国民に働くことの能力と意欲をもたせ，社会的なコストを就業の促進によって減らすとともに，技術革新と教育を通じて国民に社会的な分業に自立的に参加することを求める

図5-3 家族モデルの変化と第3の道

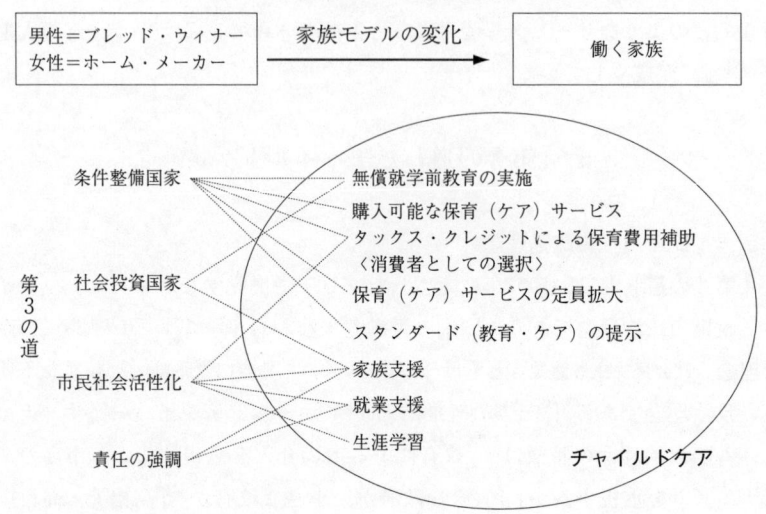

男性＝ブレッド・ウィナー / 女性＝ホーム・メーカー　→家族モデルの変化→　働く家族

第3の道：
- 条件整備国家
- 社会投資国家
- 市民社会活性化
- 責任の強調

チャイルドケア：
- 無償就学前教育の実施
- 購入可能な保育（ケア）サービス
- タックス・クレジットによる保育費用補助〈消費者としての選択〉
- 保育（ケア）サービスの定員拡大
- スタンダード（教育・ケア）の提示
- 家族支援
- 就業支援
- 生涯学習

のである［舟場 1998］。

チャイルドケアの状況にみる第3の道

「第3の道」の理念をチャイルドケアの状況に照らしてみれば，理念は着々と実行に移されている。チャイルドケア・サービスについては直接のサービス・デリバリーを拡大するのではなく，保育サービスの質の基準を定めて（就学前教育の観点からは DLO／ELG の設定）評価機関による評価を受けさせ，利用者に選択は委ねる。利用者の選択を根拠として，保育機関（機会）に補助金が与えられる。QCA は保育ワーカーの資格要件の階梯を示し，自らのスキルアップをはかれるシステムを整備しようとしている。これらに「条件整備国家」の理念がみてとれる。

ひとり親の職業訓練と保育サービスの拡充はひとり親の手当て支給からの脱却を目指すものであり，就学前教育の拡充そのものが乳幼児に対する社会的な投資である。また，EYDCP は地域社会におけるパートナーシップの特

徴的なものである。これらは「社会投資国家」「市民社会の活性化」「責任の強調」が具体化されたものである。

拡充の成果

 ではチャイルドケア拡充のさまざまな方策はどれだけの成果を上げているのだろうか。4歳児に対して週5日の半日幼児教育プログラムが無償で提供されることが大きな進歩ではあるが，就労する親からすれば複数の保育手段のアレンジを余儀なくされ，子どもにとって負担の多いものになっていることが報告されている[14]。そしてまた保育（ケア）サービスの費用は高く，費用も適当なものではないことが報じられている[15]。

 保育（ケア）サービスの機会は拡大されたものの，依然として親たちに高額の負担を強いるにもかかわらず，プライベートのデイ・ナーサリーは質において劣るという報告がなされ，理由は財源不足とスタッフのバックグラウンドによるものと指摘されている。スタッフの資格のレベルは低く，低賃金で研修の機会に乏しい。政府のリーダーシップで保育ワーカーの雇用拡大が一方ではかられつつも，転職率は20％で，人材の不足は続いている[16]。イギリスにおいてはチャイルドケアにかける希望と意気込みと，現実の労働条件のギャップが存在し，保育職はキャリアとしては低い評価しか与えられていない [Penn 1999]。

ま と め

 「全国チャイルドケア戦略」は，ニュー・レイバーの第3の道という政治理念の下に，さまざまな社会・経済・教育的な諸問題の有効な解決策としてチャイルドケアへの投資を行おうとするものである。乳幼児の教育・ケア

---

14) *Nursery World* April/13/2000
15) *The Times* May/22/2000
16) *The Times* May/22/2000

サービスを拡充すべき政策対象としてのみならず，家族支援，生涯学習社会の構築，青少年・成人の職業訓練などを総合的に考え，統合的な社会サービスとして位置づけている。

保育カンパニーのキッズ・アンリミティッドは，職業訓練と良質の保育の提供をリンクさせた。保育重点センターのペングリーン・センターは，保育サービスを家族支援・生涯学習・職業訓練の統合サービスの中核とした好例である（第2章で取り上げたシェフィールド・チルドレンズ・センターも同様である）。ヨーク市の SF プロジェクトは，一般家庭でのチャイルドケア機会の拡大に効果を上げている。

急速ともいえる拡大傾向のなか，ワーカーの労働条件や親の費用負担などの点で多くの問題をはらみながらも，イギリスのチャイルドケアは着実に変革を遂げつつある。

[文献]

Bertram, T. & Pascal, C. (1999) *The OECD Thematic Review pf Early Childhood Education and Care : Background Report for the United Kingdom*, OECD.

Blenkin, G., Rose, J. & Yue, N. (1996) 'Government Policies and Early Education : Perspectives from Practitioners', *European Early Childhood Education Research Jouunal*, 4 (2) : 5-21.

Calder, P. (1995) 'New Vocational Qualifications in Child Care and Education in the UK', *CHILDREN & SOCIETY* 9 : 1, 36-53.

DfEE (1999) *Good Practice for EYDC Partnerships ; 10 Community Nurseries.*

DfEE (2000) *Good Practice for EYDC Partnerships : 10 Community Nurseries.*

Fawcett, M. & Calder, P. (1998) '*Early Childhood Studies degrees*' in Abbott, L. and Pugh, G. (ed.) *Training to Work in the Early Years : Developing the Climbing Frame*, Open University, 69-81.

富士総合研究所（2000）『英国のブレア労働党政権の「第三の道」と社会保障改革』.

舟場正富（1998）『ブレアのイギリス』PHP 新書.

Home Office (1998) *Supporting Families.*

Kahn, A. J. & Kamerman, S. B. (1994) *Social Policy and the Under-3s Six Country Case Studies*, Columbia University School of Social Work, UK 1-120.

Penn, H. (1999) 'Is working with young children a good job ?' Penn, H. (ed.) *Early Childhood Services*, Open University Press, 115-130.

Pugh, G. (2001) 'A Policy for Early Childhood services ?' *Contemporary Issues in the Early Years*, National Children's Bureau, 170-188.

Whally, M. & the Pen Green Centre Team (2001) *Involving Parents in their Children's Learning*, Paul Chapman Publishing.

＊キッズ・アンリミティッドに関連する資料は以下のものである。

Kids unlimited (no date) ―A Growing Concern―

NEED (1994) *Towards a Portfolio of Evidence for NVQ Level II*, GALT EDUCATIONAL NVQ child care & education TRAINING PACK.

NEED (1994) *Towards a Portfolio of Evidence for NVQ Level III*, GALT EDUCATIONAL NVQ child care & education TRAINING PACK.

NEED (1994) *A Day in The Life* (Training Video).

CACHE (no date) *What is CACHE ?*

CACHE (Jan. 1995) 'Certificate in Child Care and Education : National Vocational Qualifications in Playwork [NVQs]'.

CACHE (Jan. 1995) 'National Vocational Qualifications in Child Care and Education'.

CACHE (Jan. 1995) 'Advanced Diploma in Child Care and Education [ADCE]'.

CACHE (Mar. 1996) 'Diploma in Nursery Nursing [NNEB]'.

6 「伝統」の変化
―― チャイルド・マインダー，プレイグループにみる ――

はじめに

　チャイルド・マインダーとプレイグループを抜きにしてイギリスのチャイルドケアを語ることはできない。

　チャイルド・マインダーは母親の家庭外労働の発生とともに生まれた。その長い歴史に伴い影の部分を併せもつが，今日においても有効なチャイルドケア手段として機能している。かたやプレイグループは第2次世界大戦後，乳幼児をもつ母親のボランタリーな意思によって始められ，今日では全国的な組織に発展を遂げた。チャイルド・マインダーとプレイグループは，今日もイギリス社会におけるチャイルドケアあるいは就学前教育の手段として根づき，息づいている。

　しかし1990年代以降のチャイルドケアの変革のなかで，チャイルド・マインダーはのどかな助け合い，あるいは気楽に家庭でできる副業の域を超えるようになった。また，3・4歳児の無償の就学前教育機会の拡大に伴い，かつての「プレイグループ」も変化を余儀なくされた。

　チャイルド・マインダー，プレイグループはこれまでどのような歴史をたどり，これからどのような道を歩んでいこうとしているのだろうか。

1 子ども法以前のチャイルド・マインダー

働く母親の強力な味方

　チャイルド・マインダーの起源は第4章に述べたとおり，母親の雇用労働の発生とともにある。今日でも母親の雇用労働を支援する強力な手立てであることに変わりはない。何度も繰り返すが，イギリス政府は就労する母親に代わって幼い子どものデイケアを提供する公的保育制度を整えることについて否定的であった。就労する母親が必要とするデイケアの需要の高まりと公的保育サービスの決定的不足（あるいは不在）というギャップは，民間におけるプライベートなチャイルドケアを発達させた。妥当な料金で利用できるチャイルド・マインダーは，今もなお欠かすことのできない存在である。

　チャイルド・マインディングは，1989年子ども法（Children Act）の制定により法的な位置づけを得た。さらに1997年の労働党への政権交代のあと，「全国チャイルドケア戦略」の中で重要な保育手段のひとつとして位置づけられた。この間に起きた変化はどのようなものであっただろうか。

1989年子ども法以前

　長い歴史をもちながら，チャイルド・マインディングは「1948年ナーサリーとチャイルド・マインダー規制法（Nursery and Child Minder Regulation Act＝NCMRA）」制定によって初めて法的な位置づけを得た（1968年改正）。このときチャイルド・マインダーは「自宅で報酬を得て1日2時間以上親戚ではない5歳未満の子どもを預かるもの」と定義された。

　制定にあたっての審議録にある次のような記述にも明らかなように，政策的にはチャイルド・マインディングに不介入の立場がとられていた［Ferriによる引用 1991, 畠中 1997］。

　——われわれは親切な親戚や友人が母親の働いている間にその子どもの世話をすることについて口を差し挟みたくはない……親戚や友人の世話が子

どもにとって有害であるとは考えない。そのようなよき近所づきあいや親戚の世話と，子どもの世話を仕事にしようとする人々の間には一線を画したい。

ここで興味深いことは「よき隣人」として子どもの世話をするものと，経済的な動機をもつものとの区別がされており，そして後者に対しては暗に疑いをかけていることである［Ferri 1992］。

「適切な者」「適切な設備」のあいまいさ

NCMRA はチャイルド・マインダーによるケアあるいはグループケアの水準を定めることに目的がおかれたものであり，この規制法の中心概念は「適切な者（fit person）」および「適切な設備（fit premise）」であった。とはいえ「適切さ」とは何か，についての法による明確な定義づけはなかった。

地方当局にはチャイルド・マインダーおよびデイケアを提供するものの登録が義務づけられたが，「適切さ」の検証責任も委ねられた。「適切さ」の全国的な基準がないためにケアの最低基準が設定されることも不可能となった。

NCB（全国子ども協議会）の示した遺憾は NCMRA の審議資料の中で以下のように表明されている。

——「適切さ」の概念の解釈は困難であり，各地方当局で適用するにあたっての不統一を招く。言葉上の変更は不適切である。おそらく法的な実践コードによる全国レベルでの基準の明快な定義づけが必要である［NCB 1985］。

不徹底な登録義務

1968年には保健サービスおよび公衆衛生法（Health Services and Public Health Act）の改正に伴い NCMRA も改正され，チャイルド・マインダーの登録の義務が地方当局にいっそう強く課せられた。だが依然としてケアの基準は設けられないままであった。

ひとつにはこのような曖昧さが，当然ながら各地方当局でのチャイルド・

マインダーの扱いに違いを生み，子どもが被害を受けるようなことが起きたときの地方当局の対応を困難にさせた。不適切なデイケアであっても，法的な根拠をもってその責任を問うことができなかったのである。1989年子ども法に基づきチャイルド・マインダーの再登録が義務づけられたとき，再登録が拒否された事例があったこと，そして調査によって内容が明らかにされ，その実情が公に知られるところとなった [DoH 1991]。

実態不明

またチャイルド・マインダーが必ず地方当局に登録していたとは限らず，働く親たちにとってなくてはならない保育手段であったにしろ，その実数は把握されていない [Bryant et al. 1980]。

地方当局によって雇用されるチャイルド・マインダーがいる一方で，他方ではあまりにも劣悪なチャイルド・マインダーがいた。そのマインディングの現状を，マスコミを通して白日の下にさらした人々もいる[1]。一口にチャイルド・マインダーといってもその実態は千差万別であったのである。

注目すべきはケアの重点がケアの質の向上よりも保護におかれていたことである。「適切な者」とはたとえば児童虐待の前科がない，養子縁組不適格や里親失格ではないというように不適切なことが「ない」のであれば事足りるのであり，保育資格など肯定的な要素が「ある」ことが求められているのではない [Ferri 1992]。ケアの質を高めるための保育者としての研修の必要性など認められようもない。

チャイルド・マインディング協会の設立

1976年に全国チャイルド・マインディング協会（National Childminding Association＝NCMA）が設立され，多くの会員を得た。1980年代には会員が5,000人から3万人まで急激に増え，登録チャイルド・マインダーの約半分

---

1) 1960年代から70年代にかけてはチャイルド・マインディングのスキャンダラスな側面に論議が集まった。その最先鋒といえるのがブライアン＆ソニア・ジャクソンであった。

が所属するに至った。チャイルド・マインダーを職業集団として組織し、会員の利益を代表し支援し、とりわけ研修に熱心に取り組むなど、この協会が草の根レベルで果たした役割は大きい [Moony et al. 2001, 畠中 1997]。

2 1980年代末のチャイルド・マインダー

職業としてのチャイルド・マインダー

チャイルド・マインディングは社会的・経済的に重要な位置を占め、多くの家族・雇用者、地域に貢献をしている。それは大口の雇用機会でもある。1980年代後半、ロンドン大学のトマス・コーラム・リサーチ・ユニット（＝TCRU）はチャイルド・マインダーについての調査を行った。当時のチャイルド・マインダーについての状況と、職業としてのチャイルド・マインディングがどのようなものであるかが明らかにされた。以下、結果を引用してみる [Moony et al. 2001]。

- チャイルド・マインディングは主に自分の子どもが幼いときに女性がする仕事である。
- 多くの女性が収入を得られる仕事と自分の子どもの世話を両立させることができるためにこの仕事を選ぶ。あるいはそれ以外に仕事先もなければ子どもの面倒をみてくれるところもない、子どもの世話と雇用についての自分の考えにあっており好みの仕事である、ということなども影響するようだ。
- 報酬が低く、それ以外には仕事に就けそうもない女性しか引き付けられない。
- チャイルド・マインダーは一般的に学歴が低く、3分の2は（16歳までの）義務教育を修了しただけであるか、さらに若い。半数以上は学業修了証明書をもっていない[2]。

---

[2] イギリスの教育制度では中等教育修了と認められるためには共通試験を受けて科目ごとに修了証明書を得る仕組みになっている。学業成績が低いものは修了証明を得るこ↗

- 転職率が高く、多くのチャイルド・マインダーは子どもが大きくなって他の働き口がみつかるとそちらへ移る。
- チャイルド・マインダーは自分の子どもが小さいときの数年間だけの「短期従事者」と、長期にわたり仕事として継続する「キャリア・マインダー」の2つのグループに分かれる。
- 仕事内容（子どもの数、労働時間）は地域によっても大きく異なり、最も重労働であるのはロンドン地域である。ロンドン以外ではたいてい空きがあり、多くはパートタイムベースである。
- 多くのチャイルド・マインダーが5歳以上、以下の子どもを預かっている。
- チャイルド・マインダーに預けられている5歳未満児のうち、15～25％の子どもは未登録のチャイルド・マインダーに預けられていると推測される。

3 1989年子ども法とチャイルド・マインダー

母親の就労への注目

a 就労率の増加

1980年代半ばより、幼い子どもをもつ母親の就労率の上昇と就労形態の変化は特に顕著になった。5歳未満児の母親の就労率は1973年から1985年までには25％から30％に増えただけであったのに、1985年から1991年には30％から43％へと増加した。

依然としてパートタイム就労の母親が多いにせよ、フルタイム就労の割合の伸びはパートタイム就労の伸びの2倍となっている［TCRU 1994］。ひとり親の増加と貧困状態におかれた子どもも大きな社会問題となっており、これらは女性の就労と深くかかわっている。働く母親のチャイルドケアは、もは

↘とができない。

や私事として看過できるものではなくなっていた。

b 労働力不足に対する懸念

　母親の就労を後押ししたのは個人的な動機だけでなく，1980年代後半に経済界からわきおこった出生人口減少による将来の労働力不足に対する懸念である [David 1990]。将来の労働力不足は「人口学的時限爆弾 (demographic time bomb)」と呼ばれ，これまで家庭にとどめおくものとされていた女性労働力を「手付かずの潜在力 (untapped potential)」として活用する発想が生まれたのである。

　1991年には時の首相ジョン・メイヤーの後援を受けて「オポチュニティ2000」と呼ばれるプロジェクトが立ち上がり，女性労働力を確保するために企業を挙げての組織的努力がなされることになった。企業は職場内保育室の設置など家族親和的 (family-friendly) な勤務形態の確立，組織改変などを行い女性労働力の開発にむけてのポジティブ・アクションをとりはじめたのである。政府の姿勢は企業任せのものであった [Rees 1992] とはいえ，女性労働力需要の増大という経済的動機は見逃すことはできない大きな流れである。

チャイルド・マインディングの条件整備

　子ども法ではチャイルド・マインダーについて次のように定めた。
- 自営業で，地方当局に登録されていなくてはならない。
- 地方当局は「8歳以下の子どもを」「1日2時間以上」「報酬を得て」預かろうとするものを登録しなくてはならない。
- チャイルド・マインダーとして申請し[3]，当局はその人物が「適切」であり，チャイルド・マインディングを行うに「適切」な住居であることを調査しなくてはならない。
- 保健・安全・防犯の観点から16歳以上の同居者はチェックを受ける。

---

3) 申請の費用は2000年で12.50ポンド（＝約2,300円）。

- 登録期間中に家庭訪問を受け，事前研修を受けることを求められる。
- チャイルド・マインダーは一時に自分の子どもを含め5歳未満児は3名まで世話ができる。
- 登録の後は1年に1回地方当局の査察を受ける。

このような規定により，チャイルド・マインディングはひとつの職業としての構成要件を整えていったことになる。

1989年子ども法とチャイルド・マインダー

子ども法の制定は，これまで未統一であったさまざまな法律を整理統合し，子どものケアに関する単一の合理的な法体系を整える目的をもっていた。8歳未満の子どものデイケアをテーマとして，特にパート3とパート10にセクションが設けられた。居宅または特定の施設で提供されるデイケア，すなわちチャイルド・マインダーおよびデイ・ナーサリー，プレイグループ，ファミリーセンター，および学童保育（Out of school club＋holiday schemes）についての規定が設けられたのである。

子ども法はセクション19で各地方当局に8歳未満児のデイケアサービスについての調査を義務づけた。地方当局にとっては初めての経験であり，政府はそのガイダンスで多様な保育サービスの供給を支援すること，自治体単位でサービスの範囲や程度などの状況を明らかにすること，という目的を示した。しかしながら地方当局にはこれまで「必要のある子ども」に対する以外はデイケアを提供する責任がなく，それ以外の需要に関しては家庭責任と民間でのサービス供給に委ねていた。いわば野放し状態のサービスの状況を把握することは多くの困難が伴った〔TCRU 1994, NCB 1996〕。

4　1997年政権交代後のチャイルド・マインダー

専門家としての位置づけ

1997年の政権交代後，労働党は全国チャイルドケア戦略にみるように，保

育サービス供給に積極的な姿勢を示した。労働党のウェルフェア・ツー・ワーク政策は，ひとり親家庭の就労支援の一環としても保育サービス拡大を重要視した。チャイルド・マインダーはチャイルドケア・タックス・クレジット[4]の対象ともなりフォーマルな保育手段と位置づけられた。チャイルド・マインダーは全国職業資格（NVQ）の枠組みに組み込まれ［QCA 1999］，NCMAなどによる訓練・研修の普及ともあいまってチャイルド・マインダーは専門家として自らを位置づけ，よりビジネスライクな態度をとるようになった［Moony et al. 2001］。

全国基準の設定

2001年9月よりチャイルド・マインダーの査察の責任は地方当局から全国的な組織であるOFSTED（教育基準局）の年少児部門（early years division）へと移管された。それに先立ち教育技術省は「8歳未満児のデイケアとチャイルド・マインディングのための全国基準 National Standards for Under Eights Day Care and Childminding」（以下，「全国基準」）を発行している。

政府の意図するところは，幼児教育の場であれデイケアの場であれどのようなセッティングにおかれようとも，まず，子どもが安全によく世話をされることであった。「全国基準」の中には子どもに遊びを通しての学習機会を与えることが明記されており，すでに幼児教育に関して査察を行っていたOFSTEDがチャイルド・マインダーに対しても査察を行うことはきわめて合理的でもあった。

就学前教育への対応

すでにNCMAを中心にチャイルド・マインダーに対して，政府発行のナショナル・カリキュラムの幼児教育段階である基礎段階（Foundation Stage）およびその目標を示した「早期学習目標（Early Learning Goal＝ELG）」につ

---

4) チャイルドケアを利用する働く親のための減税手段の一種。

いても積極的に研修の機会が設けられていた。ケアのみならず就学前教育にも対応できるチャイルド・マインダーは認証チャイルド・マインダー（Accredit Childminder）と呼ばれるが，このことはチャイルド・マインダー集団の中での階層化が進行していることを示している。また，一部にはチャイルド・マインダーの中に幼児教育に対する熱意が感じられる [Siraj-Blatchford et al. 2002]。

5　2000年以後のチャイルド・マインダー

憂慮される減少傾向

　チャイルド・マインディングは重要な保育サービス資源であるにもかかわらず，イングランドでは1990年代後半に減少傾向をみせていることを政府は憂慮している。政府の資料で登録チャイルド・マインダー数は1996年の10万9,200人から2000年の7万5,600人へと減少しており，NCMAと地方当局においても同様の減少を示している。

　2000年にはロンドン周辺，都市部，その他各地の地方自治体の中から10の地方自治体をサンプルとし，NCMA幹部，および都市部と郊外の2つの自治体のEYDCPの協力を得てチャイルド・マインダー登録数減少の理由を明らかにするための調査が行われた [Moony, A. et al. 2001a]。再登録者の減少と新規登録者の減少は明らかであり，例を挙げるとある自治体では新規登録者91人に対し登録取り消しが214人であった。その理由は，ひとつに限定されるというよりも複合的なものであると考えられた。

減少傾向の理由

　まず人口学的な変化と雇用機会の変化の影響として，子どもを産む年齢が高くなり，ある程度のキャリアがあるのでチャイルド・マインダー以外のチャイルドケアを利用できるだけの収入があること，子どもの数の減少，雇用形態が柔軟になり女性が収入の良い仕事を継続しやすくなったこと，また

保育関係の職種が増えたことがある。

　次にチャイルド・マインディングの仕事の性質からくるものとして，社会的地位が低いために親たちがグループケアの方を望むこと，また一般的な労働形態の変化（パートタイム，非定型労働など）に対応するとなれば割の合わない仕事であること，また求められることが多い（研修，専門性，アビュースの嫌疑の予防，ペーパーワーク，記録）ことが挙げられた。私立デイ・ナーサリーなど他のチャイルドケアの増加が影響を与えていることを示すものはなかった。また法律による査察などの規制は官僚主義的であり，家庭にいるものにとっては馴染めないものであるという指摘がなされた。

チャイルド・マインダー調査の結果

　同じく2000年にチャイルド・マインダー経験者を対象とした調査が行われ，離職の理由と復職の可能性が探られた。以下，その結果を引用する［Moony, A. et al. 2001b］。

- 調査対象者は圧倒的に女性であり，白人で35〜44歳，パートナーと自分の子どもと同居している。
- 自分の子どもが幼いときにチャイルド・マインディングをするので，子どもと家にいることができる。3分の1は最初から長いキャリアであるとみているが，チャイルド・マインディングは便利で一時しのぎの仕事とみている。平均経験年数は6年である。
- チャイルド・マインディングをやめた理由は，他の仕事や訓練や勉強など他のことがしたくなったからであり，ついで妊娠や出産など家族の事情による。規制が厳しくなった，あるいは他のタイプのチャイルドケアとの競争によるなどは理由としてはほとんど挙げられなかった。
- チャイルド・マインディングと比べると，他の仕事は特に報酬の点で労働条件がよく，他の大人との交流があるので非常に満足度が高い。
- 労働条件，特に報酬がよくなればチャイルド・マインディングを続けるものもいるだろう。

- 多くのものはチャイルド・マインダーに戻ろうとは思わないが、3分の1はもし家庭の事情が変わるか報酬がもっとよくなれば戻るだろう。
- 3分の1は以前に保育関係で働いたことがあるか働いていたものであり、さらにその3分の1は将来そのような仕事に就きたいと考えていた。保育関係の資格をもっているものは保育関係の仕事に就きたいとする傾向が強い。

これらのことから、かつては利用者側からすればチャイルド・マインダーの利点でもあった料金の安さや便利さは、今ではマインダーにとっての労働条件の悪さとなり、職業として選択しづらいものとなったことがわかる。

6 プレイグループ

プレイグループ運動の誕生

プレイグループは母親の自主保育活動であり、公的な幼児教育の不足を補うものである。就学前の幼児に他の子どもと交わる社会的経験の場を与え、遊びを通しての学習の機会を与えることを目的とする。同時に孤立した環境のなかで育児に苦しむ母親たちの社会参加の場ともなりうる。これらがプレイグループについてのおおよそのイメージである。

プレイグループはイギリス独特のものではないが、1950年代の終わりに生まれ、1960年代に急速に全国に広がり組織的に展開されていったことがイギリスのプレイグループ運動の特徴である。

イングランドの統計によれば、1972年には1万2,875の登録プレイグループが26万3,000定員を提供していた。1980年までには38％増加し、その後1988年までにさらに10％増加した。1988年には1万7,026の登録プレイグループが40万1,173定員を提供している。この数字に含まれていない定員は1万に満たないが、それはグループが登録されていないか、地方当局で運営されているか、軍隊基地の中にある場合である。

プレイグループは法的に明確に定義づけられたものではない。1989年子ど

も法によれば「3歳から5歳の子ども，時に2歳半も含まれるが，1回につき4時間を越えないセッションでケアを行う」[DoH 1991] とされている。

なお近年，政府の資料では名称として「プレイグループ」ではなく「プレスクール&プレイグループ」が用いられているが [DfEE 1999]，ここでは便宜上プレイグループで統一する。

プレイグループの貢献

教育雇用省のドキュメントでは，プレイグループの様相を示すものとして以下の点が挙げられている [DfEE 1999]。

- コミュニティに拠点をおき，地域の求めに応じて形作られている：「相互的」な運動であり，広い意味で「コミュニティ改造の焦点となりえる」：コミュニティに結束を与え，安定したものにする助けとなる。
- 親に子どものケアをさせ，保育の質を高めると同時に親たちがそのためのスキルを獲得するのを助ける。
- フォーマルな学習の成果と同様，遊びと創造性を重視する。
- 親が仕事や勉強に復帰する足がかりを与える。
- 親の自助を可能にする。

これらはプレイグループに独特のものではなく，すべてのプレイグループがこのような特徴を備えているものでもない。だがこれらの性質がプレイグループの強みであり，プレイグループが提供しうる最善のものなのである。

多様な実態

プレイグループの実態は多様であり，なかには4時間を越えるものやフルタイムでデイケアを提供するグループもある。その場合は1989年子ども法のガイドラインでは「延長デイ・プレイグループ（extended day playgroup）」と呼ばれている。なかには働く親たちによって利用されているものもある。

地方当局によってはフルタイムでデイケアを提供するプレイグループは，デイ・ナーサリーに分類されていたりプレイグループに分類されていたりと，

地域によってまったく異なる扱いを受けている。このことはプレイグループの実態が多様であること、地方当局とプレイグループの関係が地域によって異なることのあらわれでもある。

プレイグループの名称もこのような実情を反映して多様であり、「プレイグループ」だけではなく「プレイスクール」「キンダーガーデン」「ナーサリー・スクール」「プレスクール・グループ」「ナーサリー」「デイ・ナーサリー」とさまざまである。

一枚岩ではないプレイグループ

1960年代に誕生したプレイグループであるが、1962年には全国組織として正式に PPA（＝Pre-school Playgroup Association 就学前プレイグループ協会）が立ち上げられ、その後すぐに急激に拡大をみた。

この PPA の存在を抜きにしてプレイグループの発展を考えることはできない。最初150グループのメンバーでスタートした PPA であったが、その後メンバーが増え続け1965年には600、1975年には8,000、1988年にはペアレント・トドラー・グループ[5]と合わせると1万6,300に達した。

イギリスに生まれたプレイグループは、PPA を中心とした組織的な活動の展開によりプレイグループ運動 (playgroup movement) とも呼ばれるほどの発展をみせた。だがプレイグループは決して一枚岩ではない。

1991年には PPA とは別にプレイグループ・ネットワーク (Playgroup Network＝PN) という名称の全国組織が生まれた。一方で PPA は1994年に PLA (Pre-school Learning Alliance, 就学前学習連盟) に改編された。

PPA の足跡

1962年、全国組織としての PPA が正式に立ち上がり、その後全国的な連携のもとにプレイグループ運動と呼ばれるまでの規模に拡大した。プレイグ

---

5) プレイグループが3・4歳対象であるに対し、ペアレント・トドラー・グループはそれ以下の年齢の子どもと母親のグループである。

ループが前項に挙げたような機能を備えるものとして認知を得るまで，PPA の果たしてきた役割は大きい。

1963年から PPA のニュース・レターの発行が始まり，その他の出版物により情報提供が行われた。プレイグループ・ワーカーの大多数はもとナーサリー・スクール教師であり，プレイグループの運営にあたってはさらに研修が必要であることに気づき，また他の資格のないワーカーは何らかのトレーニングを必要とした。そこで PPA はトレーニング・コースを開発した。

PPA は最初連合王国全体をカバーしていたが，スコットランド（1973年），北アイルランド（1975年），ウェールズ（1987年）の順に独立した組織となり，それぞれが地方支部など下部組織を形成した。支部の間で会合を行ったり，地方当局と交渉を行ったり，教材などのまとめ買いなどをした。

全国的なレベルでは政府からの補助金を得て組織の維持に当てたり助言者やトレーニング・スタッフを雇ったりしたが，地方レベルでは当局からの補助や支援は地域によりまちまちであった。このことがプレイグループの多様性を生んだ。

7　1980年代後半のプレイグループ

プレイグループの活動状況

プレイグループが開かれる場所としては，教会または公民館のホールが最も多く（40%），コミュニティ・センター（11%），学校の一部（7%），廃校になった建物（3%），個人の家（3%）などである。残りはスカウトの小屋，スポーツクラブ，図書館，診療所，軍の基地，移動プレイバス，その他さまざまである。

大多数のグループはセッションで行われるが，学期中の午前または午後3時間程度行われるものである。1987年の PPA の資料によれば，プレイグループがセッションを開くのは，およそ半分が週に4〜5回，3分の1が3回以下（35%），残りが6回以上（14%）であり，10セッション（ウィークデイ

の午前と午後すべて)を開くのは全体の3％に過ぎない。ひとりの子どもの出席数からすると，平均して週に3回前後のセッションに参加することになる。

1986年時点で，5歳未満児の20％はプレイグループに入っており，一方ナーサリー・スクールか小学校には13％が在籍している。どのくらいの期間ひとりの子どもがプレイグループに入っているかについての正確なデータはないが，短くて1学期間(2, 3か月)，長くて6学期(1～2年)である。これは地域でのナーサリー・スクールなどの幼児教育機会，あるいは小学校の入学方針の相違が影響している [Statham et al. 1990]。

PPA の発展

1980年代，PPA は全国・地方，支部いずれのレベルでも有給のスタッフの雇用を着実に増加させた。全国レベルでは事務，メンバー管理，保険，調査研究，出版，資金作りからマーケティングなどを雇用されたスタッフが行った。また，アドバイザーと全国を回って指導に当たる研修担当者などもおかれた [Statham et al. 1990]。

1987年の PPA の資料によれば，プレイグループ全体の4分の3程度が PPA のメンバーとなっている [Statham et al. 1990]。1グループの規模は平均して20人程度である[6]。

PPA の組織力を背景にプレイグループは各地域の実情に応じて多様な発展を遂げた。PPA に属するプレイグループを川の本流にたとえるなら，多くの支流を生み，ときには異なる流れをつくりだしながらも幼児教育機会の不足という乾いた土地を潤してきたことに間違いはない。

---

6) ほとんどのグループが16から20人(32％)か20から25人(32％)であるが，4分の1 (22％)は15人以下であり，11％が26人以上である。小規模のプレイグループは PPA の分類では「僻地」にあり，60％が15人以下の人数である。規模の大きいグループは「郊外または都市部」にあり，17％が26人以上である。

「親の関与」という理念

そのPPAの中心的理念は「親の関与（parental involvement）」であり、この点においてナーサリー・スクールなど他の幼児教育機関とプレイグループは一線を画している。

PPAはプレイグループの運営のあらゆる局面において親が関与するべきという見解を明確にした。子どもの教育に果たす親の役割を強調し、プレイグループは子どもに対してと同様、親にとっても重要な教育の機会を与えるものであること、このような信念がプレイグループ運動の真骨頂であった[7]。

だがプレイグループ運動はその始まりより30年を経て成熟し初期のエートスが失われるとともに、社会の変化は親や子どもをめぐる状況を変化させ、プレイグループのおかれた環境も変化させた。プレイグループは1990年を境として減少の方向に向かったのである。

理念と実態のギャップ

プレイグループ運動のスタート地点では、親の関与なしには活動は成立しなかった。だが時が経つにつれて親の関与は中心理念となった [Moss et al. 1992]。理念だけが存在し、実態が失われていったのである。

プレイグループの運営は「コミュニティ・プレイグループ」モデルが典型とされている。これはとりわけPPAによって主張されるところであるが、「親の関与」を中心理念とし、親が全面的に運営にかかわるものである。それは財政、場所の工面、保育活動に直接かかわるプレイリーダーやアシスタントの雇用、設備・備品、入会方針などをすべて親が取り仕切るということである。

だがこのような「典型」がどの程度存在するかについては不明であり、なかにはビジネスとしてあるいは非営利での運営が行われ、親は必要な費用を負担するだけという形をとるプレイグループもある。

---

7) 資料「PPAによる1989年声明 PPA Statement of principles : adopted in April 1989」。

親がプレイグループを運営するにあたっては，保育活動の中に入りリーダーやアシスタントを務めるという形，そのほか資金集めにかかわる，などいくつかのレベルがある。初期の頃はほとんどのプレイグループで運営は親たちが無償で行っていたが，1987年の調査ではまったくのボランタリー・ベースで行われているのは3％に過ぎなかった（1984年時には17％）。

プレイリーダーは初期の頃はナーサリー・スクール教師資格をもっているものとされたが，その後親たちが経験を通して学ぶことが強調されるようになり，PPAのトレーニング・コースを修了した親がリーダーやアシスタントを務めるようになった。そのうち徐々にリーダーやアシスタントは有給のスタッフに変わっていった。

親たちが当番制・無償でスタッフの補助に入ることは重視されていたが，その度合いも多様である。1984年のPPAの調査では84％のプレイグループでそのように「親が参加はするもの」と回答された。だが実際に親の半数以上が参加するというプレイグループは38％にとどまっている。このことは，多くのプレイグループで子どもの活動に参加しない親が多数であることを意味している［Statham et al. 1990］。

8　プレイグループの限界

運営の困難

プレイグループの運営について，運営委員会が十分にその責任を果たせなくなる傾向にある。その理由は業務の負担が大きく委員のなり手がないこと，子どもがプレイグループに参加する期間が長くても1～2年で，親がその業務に習熟するに至らないことにある［Moss et al. 1992］。

モスらはプレイグループの特質として，親の関与が強調される一方で現状が知られていないと指摘した。親の関与を保つことは困難になりつつあり，その理由としては女性の雇用の変化，小学校への早期入学が増えてプレイグループへの参加状況が変化したこと，そして親が子どもに別のことをさせた

がることを挙げている [Moss, P. et al. 1992, Brophy 他 1992]。

低コストの功罪

　プレイグループは就学前の子どもに幼児教育の機会を与えるのに大きな貢献をしてきたが，他の手段に比べて非常にコストが低い。1987年の資料ではナーサリー・クラスで年間1人あたり1,039ポンド，ナーサリー・スクールで1,505ポンドであるのに比べ，もしプレイグループに同じだけ出席した時（週に10セッション）のコストは420ポンドと計算される [Statham et al. 1990]。実際はそれだけ出席回数はないので，さらに低いものである。

　このコストの低さは，運営が親のボランティアで行われていること，プレイリーダーは保険や有給休暇もない悪条件の下で最低賃金にも満たない程度の低い報酬しか得ていないこと[8]により，みえないコストが親やプレイリーダーによって負担されているからである。

子どもにとっての不利益

　また，プレイグループは設備が整うことが難しいこと[9]や回数の少なさという不十分さが子どもにとっての不利益となる。公立ナーサリー・スクールであれば整った環境のなかで半日・週5日を過ごすことができる。また小学校のレセプションクラスであれば全日・週5日を過ごすことができる。いずれも資格をもつ教師によって教育される。

　これらは無償であり，親が費用だけでなくさまざまな貢献を行うプレイグループと比較すると，公的な幼児教育ははるかに恵まれた条件におかれているといえる。このような格差の存在はけっして公正なものとはいえない。プレイグループのコストの低さのつけはそのまま子どもに回ってくるのである。

---

8) 地方自治体や大きな団体で雇用されている場合は妥当な報酬と待遇を得ているが，それは例外的である。
9) 会場の多くは専用ではなく借り物であるためにセッションごとに遊具や設備の出し入れをしなくてはならない。保育活動ではないこのような作業はスタッフの負担とならざるを得ず，子どもの活動のために使われるはずの時間を圧迫することになる。

1997年の幼児教育バウチャー計画の導入，その後の幼児教育グラントの実施はプレイグループへの福音となるはずであった。これらは4歳児の1年間の半日就学前教育の無償化であり，プレイグループの財源を安定的なものにするはずであった。

　しかし実際には4歳児は小学校へと吸収されていき，多くのプレイグループの維持を困難なものにした。調査によれば，1999年までの2年間にイングランドで約1,500のグループが閉鎖され，さらに1,700が閉鎖の危機にあるとされた [*Nursery world* 08/04/99]。

ま　と　め

　プレイグループ，チャイルド・マインダーともに女性の無償あるいは低賃金労働に支えられてきたチャイルドケアである。それらは公的機関による保育サービスの不足と，緊急の保育ニーズのギャップを埋める存在であり，自助精神の発揮であった。

　チャイルド・マインディングは，従事者の労働条件からすれば低賃金でありながら制約が多すぎるために魅力ある職種とはなりにくい。特に好景気となり，条件のよい働き口が他にあればそちらが選択されやすい。

　プレイグループ運動は，イギリスの第2次世界大戦後のイギリスの幼児教育に対し多くの貢献をした。5歳未満児やその親たちに与えた恩恵ははかり知れないものがある。しかしながら女性の就労が進み，親の幼児教育に対する関心が高まるに伴い，プレイグループ運営は困難なものとなり，乏しい財源がもたらす不十分な環境は4歳児に対する無償の就学前教育の開始とともに親から選択されづらいものとなった。

　プレイグループ，チャイルド・マインダーが単に「母親だから」「家にいるから」という理由で可能になる保育労働であるとすれば，必ずしも専門性を必要とするものではない。その場合は教育とケアの観点から，望ましいサービスが提供されない場合がある。子どもの学びが保障されず，子ども保

護が不十分となる危険性を否定できない。

　全体の傾向としては，女性の雇用労働が進行するにつれて，つまり雇用環境と女性の意識が変化するにつれてプレイグループ，チャイルド・マインダーは成立が困難になるものと予測される。

　とはいえ，プレイグループは伝統的な育児観をもち母親と子どもの結びつきを重視する，父親の単独収入で十分に生計が可能な経済的に豊かな家庭を背景として特定の人々には支持され続けるだろう。チャイルド・マインダーは，保育という仕事に個人的に愛着を感じる人々によっては積極的に職業として選択され続け，施設保育よりはコストが低く抑えられるとともにまさに「家庭的」であることから，それらを支持する親たちから利用され続けるであろう。

[文献]

Brophy, J., Stathan, J., and Moss, P. (1992) *Playgroups in Practice*, HMSO.

Bryant, B., Harris, M. and Newton, D. (1980) *Children and Minders*, Oxford Preschool Research Project.

David, T. (1990) *Under Five—Under-Educated ?*, Open University Press.

Department for Education and Employment (1999) *Tomorrow's Children : The Review of pre-schools and playgroups*, DfEE.

Department of Health (1991) *Registration of Childminding and Day Care*, HMSO.

Ferri, E. (1992) *What makes childminding work ?* National Children's Bureau.

畠中宗一（1997）『チャイルドマインディング』高文堂.

Moony, A., Knight, A., Moss, P. and Owen, C. (2001a) *Who Cares ? Childminding in the 1990s*, Family Policy Studies Centre, Joseph Rowntree Foundation.

Moony, A., Moss, P. and Owen, C. (2001b) *A Survey of Former Childminders*, DfEE.

Moss, P., Brophy, J., Statham, J. (1992) 'Parental Involvement in Playgroups' *CHILDREN & SOCIETY* 6 : 4, 297-316.

National Children's Bureau (1996) *Local Wishes and Expectations*, NCB.

Qualification and Curriculum Authority (1999) *Early Years Education, Childcare and Playwork*, QCA.

Rees, T. (1992) 'Demographic Change and Positive Action', in *Women and the*

Labour Market, Routledge, 108-131.

Siraj-Blatchford, I., Sylva, K., Muttock, S., Gilden, R. and Bell, D. (2002) *Researching Effective Pedagogy in the Early Years*, DfES.

Statham, J., Lloyd, E., Moss, P., Melhuish, E., and Owen, C. (1990) *Playgroups in a Changing World*, HMSO.

Thomas Coram Research Unit (1994) *Implementing the Children Act for Children Under 8*, HMSO.

7

チャイルドケアの多機能化と統合アプローチの強化
―― 2001年以降の状況とその複層性・多元性 ――

はじめに

　2001年総選挙の結果，労働党は政権の座を維持し，教育雇用省は教育技術省（Department for Education and skills=DfES）および労働年金省（Department for Work and Pensions=DWP）と改編され，チャイルドケアについても第1期にひきつづき拡充をはかっている。

　ながらくまともに政策的対象となることのなかった，働く親のための乳幼児保育であるが，労働党は就学前教育やチャイルドケアのインフラストラクチャーを拡大し，この分野でイギリスは大陸EU諸国にかなりのキャッチ・アップを行った。ここ数年間のイギリスにおける保育サービス供給拡大の状況は国際的にも高い評価を受けている [Bertram 他 1999]。

　その構図は具体的にはどのようなものだろうか。

1　チャイルドケア調査研究の実施

政策の根拠を求めて

　イギリスはすべての公共政策において伝統的にアカウンタビリティの構造をもつといえよう。何かの政策が実行されるには必ずその根拠がなくてはならないとされる。国と地方自治体レベル両方の社会・経済・保健・教育政策の多くのデータが全国統計局（The Office of National Statistics=ONS）に集積されている。

表7-1 過去の代表的な調査プロジェクト

実施年	名称と概要	調査者	財源
1969-1976	ノッティンガム子育て研究 母子の縦断的研究——社会階層別子育ての類型化の検証	ノッティンガム大学／ニューソン，ニューソン	
1970-1975	子どもと健康と教育の研究 就学前教育の違いが子どもの認知的・社会的利益に及ぼす影響の縦断的研究	ブリストル大学／オズボーン，ミルバンク	
1975-1978	オックスフォード・プレスクール調査 5歳未満児の家庭外保育全国調査（3年）	オックスフォード大学／ブルーナー，ジャッジ	SSRC[*1]
1987-1988	5歳未満児に関する研究の評価 政策展開の情報を得るための，政府委員会に就学前教育に関する研究のレビュー	バーミンガム大学／クラーク	DES[*2]
1982-1990	デイケア調査 子どもが生後6か月未満からデイケアを利用した共稼ぎ家庭の縦断的研究で，6歳児での経過を含む。	ロンドン大学，トマス・コラム研究所／メルリッシュ，モス，ブラン，ムーニィ他	DoH[*3]

注：＊1　SSRC＝Social Science Research Council
　　＊2　DES＝Department Education and Science
　　＊3　DoH＝Department of health
出典：Bertram & Pascal［1999］より作成

　1990年代以前，イギリス政府は幼児教育，乳幼児のデイケアに対して積極的に関与していなかったが，そのことはチャイルドケア分野に関する調査研究の少なさによっても明らかである（表7-1）。1988年の教育改革法，1989年の子ども法の制定前後より乳幼児の教育とケアの分野での調査研究が行われるようになった。ことに1997年以降は数多くの調査研究が実行された[1]）
（表7-2）。

---

1)　調査研究のテーマは，以下のように多岐にわたる。3・4歳児をもつ親の幼児教育・保育サービス利用状況／親の保育サービス要求／幼児教育・保育・学童保育分野の求人と人員確保／幼児教育カリキュラムの実施状況／保育の質の保証と向上への取り組み／保育サービスの供給の障害となるもの／就学前教育の効果／海外諸国との幼児教育・保育比較研究／0～3歳児の発達についての文献レビュー／就学前教育効果についての大規模追跡調査。

7 チャイルドケアの多機能化と統合アプローチの強化

表7-2 1990年代以後の代表的な調査プロジェクト

実施年	名称と概要	調査者	財源
1993-	**効果的な初期学習** イギリス，オランダ，ポルトガルの0～8歳の教育とケアの質を評価し向上させることを目的とした調査と開発	ウォルセスター大学／パスカル，ベルトラム	チャリティ，地方当局
1991-1999	**エイボン地域における妊娠と子ども期の縦断的研究** 誕生時から発達と生育環境の影響を追跡した縦断的研究	ブリストル大学／ゴールディング	DfEE[*1]
1996-2001	**リーダーシップの国際的研究** 幼児専門職のリーダーシップ要因の5か国共同調査	プリマウス大学／ロッド	
1997-2003	**効果的な就学前教育の実施についての研究** 子どもの早期就学前の経験の成果と子どもの長期的な教育的・社会的発達に影響を与える保育状況と家族要因に関する縦断的研究	ロンドン大学／シルビア，メルリッシュ，サモンズ，シラジューブレッチフォールド	DfEE
1997-	**3歳未満児保育の質** 3歳未満児の教育とケアの質の記録と強化についての調査と開発	マンチェスター・メトロポリタン大学／アボット	
1997-2000	**デイケアの自己評価** デイケアの自己評価の開発と実施	トマス・コラム研究所／ムントン，ムーニー	DfEE
1998-2003	**ピアース幼児教育連携プロジェクトの評価** 98年4月1日～99年3月31日生まれの年齢集団で，貧困地域居住の誕生から入学までの保育プログラムの効果を，プログラムを受けた集団と受けていない集団を比較することによって評価。	NFERP[*2]	チャリティ，DfEE
1999-2004	**保育重点センター先行プログラムの評価** 保育重点センターの効果，効率，経済性を明らかにしてプログラムを評価。	ウォルセスター大学／パスカル，ベルトラム	DfEE

注：[*1] DfEE=Department of Education and Employment
　　[*2] NFER=National Foundation for Educational Research in England and Wales
出典：Bertram & Pascal (1999) より作成

現在では乳幼児の教育とケアに関連する統計としては学校調査（The Annual School Census），幼児教育調査（The Early Years Census），デイケア調査（The Day Care Survey）という，3種類の毎年行われる全国調査がある。このうち，幼児教育調査とデイケア調査は1999年に開始された。

最初の報告書

1990年前後までは就学前教育の責任は地方自治体にあったこと，プレイグループやチャイルド・マインダーはそもそもコミュニティ内でのインフォーマルな自助的チャイルドケアであることなどの事情で，乳幼児のケアと教育についての実態すら，政府によって正確には把握されていなかったといってよい[2]。

イングランドにおいて初めて，当局に登録されている乳幼児の教育とケアの全体像が政府によって把握されるには，チャイルド・マインダーを含め乳幼児保育機関の全査察を OFSTED が完了し，2003年に報告書『保育の全国図（*Early Years: the First National Picture*）』が出されるのを待たなくてはならなかった。そこに至るまでには，1989年の子ども法に根拠を得たデイケアのレビューから始まり，幼児教育の無償化のプロセスを経て実に10年余りを要したのである。

2 チャイルドケア政策対象の拡大

3歳未満児保育への注目

2001年，政府は3歳未満児の保育の効果的な実践の枠組みとして，「誕生から3歳まで（*Birth to Three Matters*）」を示した。教材パック（入門の手引き，ポスター，カード，ビデオ，CD-ROM）が配布され，3歳未満児保育にあたる

---

[2] National Children's Bureau, Daycare Trust, National Child Minding Association, Pre-School Alliance など個別の協会によって部分的，あるいはそれらを総合することによりおよその実態は知られていた。

保育者の実践を助けるものとなっている。教材はレズリー・アボットらの研究チームが中心となり，3歳未満児に関する膨大な文献のレビューを中核として，子どもと親，保育者，幼児期の専門家，政策担当者や研究者とともに行った1年間のプロジェクトの成果であった。

また，このプロジェクトは1990年の教育雇用省（当時）が発行した，『良質のスタート（*Starting with Quality*）』（ランボルド・レポート）を基本としたものである［David et. al 2003］。このレポートは，遊びを中心とした幼児教育の重要性と，幼児教育を受ける権利がすべての子どもにあると主張していた。発行当時ほとんど政府によって省みられることがなかったとされているが，ここにきて正当な扱いを受けたのである。

子ども保護の強化―「子ども問題」イニシアティブ―

2000年2月に親族による虐待によって死亡に至った女児ビクトリア・クリンビーの事件をはじめとし［Lambing 2003］，危機的な状況にある子どもの保護の失敗例が相次ぐことにイギリス政府は危機感を示し，グリーン・ペーパー『子ども問題（*Every Child Matters*＝EMS）』を発行した。子どもの保護が失敗に至った理由として，関係諸機関の連携の不具合により適切な介入が行われなかったことが一連の事件に共通していた。

グリーン・ペーパーでは過去数年の政策実行により，教育水準の向上や貧困問題の改善，少年犯罪の再犯率の低下など効果がみられたことを引き，今後の課題としてさらに子ども保護の強化を目標として掲げた。子ども保護は対象を特定化した取り組みによってだけではなく，子ども全体の状況を改善するという取り組みと組み合わされてこそ，効果を発揮する。したがって子ども全体の状況を改善することを基本に据えた上で，特定の問題に対処するという方針を示した［DfES 2003］。対象としては図7-1がイメージされ，全体的な目的としては以下のものが挙げられた。

- 健康であること：心身ともに健康であり，健康な生活を送る。
- 安全であること：暴力や遺棄から守られること。

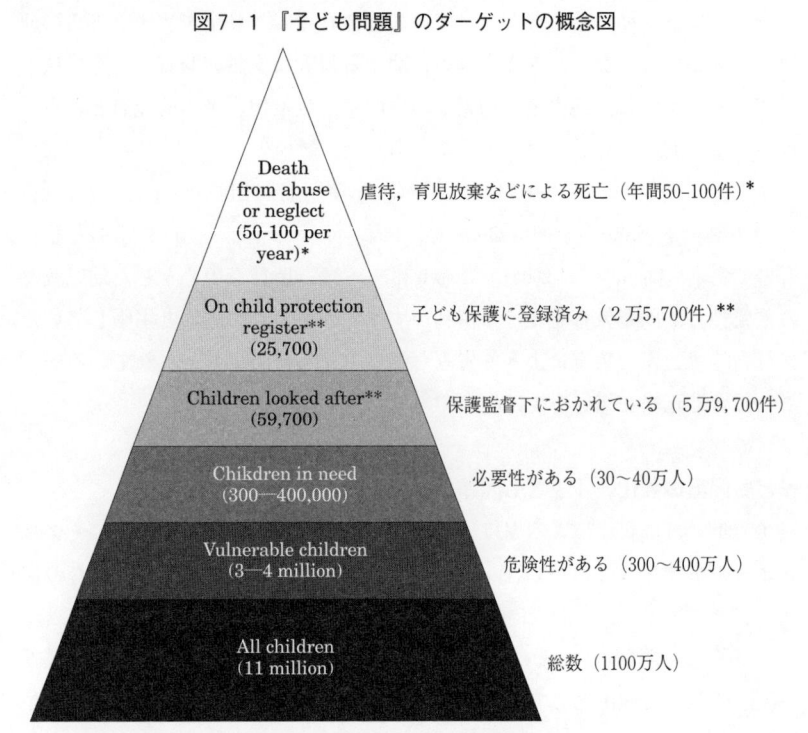

図7-1 『子ども問題』のターゲットの概念図

```
            Death
         from abuse        虐待，育児放棄などによる死亡（年間50-100件）*
         or neglect
        (50-100 per
           year)*
       On child protection   子ども保護に登録済み（2万5,700件）**
          register**
          (25,700)
      Children looked after**   保護監督下におかれている（5万9,700件）
          (59,700)
       Chikdren in need         必要性がある（30〜40万人）
        (300—400,000)
       Vulnerable children      危険性がある（300〜400万人）
        (3—4 million)
         All children           総数（1100万人）
         (11 million)
```

* 子ども保護に登録されておらず，保護監督下になく，必要があるとみなされず，危険性も認められない。
** 必要があるとみなされているが，すべてが子ども保護に登録されているかまたは保護監督下にあるのではない。

出典：http://www.surestart.gou.uk/

- 生活を享受し達成感を得ること：健全な生活を営み技能を身につける。
- 社会への貢献：地域や社会の一員となり，反社会的・犯罪的な行為に巻き込まれない。
- 経済的な安定：貧困に陥らず可能性を求める。

省庁合同プロジェクト

政府はこのような目的に向かうためには，次項で述べるような「確かなス

タート」イニシアティブの実行や教育水準を向上させること，貧困の防止が基本になるとした。具体的な方策として，以下の項目が挙げられ，省庁合同のプロジェクトとして実行されている。

- 確かなスタート・子どもセンターの設置
- 学童保育の充実
- 財源として200万ポンドの青少年ファンドの設置
- 子ども・思春期メンタルヘルスサービスの提供
- 言語治療の推進
- ホームレスへの緊急対応
- 少年法の改革

3 「確かなスタート」の展開

出発点

1997年労働党が政権を獲得後，すぐに行われたのが財政支出のレビュー (United Kingdome Government's Comprehensive Spending Review) であったが，その中で年少の子どもに関する支出も複数の省庁にわたって横断的に見直された。レビューはとりわけ0～3歳児とその家族に対するサービスの提供が不完全であることを指摘し，すでに13の省庁が何らかの形で年少児の育成に関する責任を実行しているが，政策は断片的であり省庁間の連携がないことを示した。合計すると年少児に対して年間150億ポンドの支出がなされているにもかかわらず，最も支援を必要とする貧困状態にある年少児とその家族には，必要なサービスが行き届いていないことが明らかになった。

そこで広範な分野の専門家へのコンサルテーションを行い，年少児の中でも恵まれない地域 (disadvantaged area) の子どもとその家族にとって何が最善であるか，サービスを向上させるための手立ては何かについての意見が聴取された。その結果，年少児と家族の複雑多様な身体的・発達的・情緒的ニーズに対応するためには多方面にわたるサービスが統合され，手近で提供

されること，そしてそのサービスの存在が知られるべきであるという結論に達した。

恵まれない地域の子どもに対する複数の省庁の合同プロジェクトとして「確かなスタート」は1998年7月に公示された。貧困地域の家族と4歳未満の子どもを対象として，教育・福祉・保健などのサービスデリバリーを効果的・合理的に行うためである。財源として新たな「子ども財源（Children's Fund）」が設けられ，「確かなスタート」の実施に対し1999年度から2001年度の3年間にわたって5億4千万ポンドが支出されることになった[3]。自治体レベルで中央政府から財源を受ける，60の先行地域が指定された。

「確かなスタート」の成果

2002年に「確かなスタート」についての報告が出された[4]。コミュニティ単位で，4歳未満の400人から800人の子どもを対象とし，段階的に260地域で実施が開始されていた。

具体的なサービス展開は，地域によって異なっている。運営は自治体職員（保健，教育，ソーシャル・サービス），民間のボランタリーな団体，親，地域，企業セクターなどからのメンバーのパートナーシップという形で行われる。パートナーシップの構成，代表者については地域ごとに異なる。政府の他のイニシアティブからの財源も得て複数の財源で運営されることが多く，子ども1人当たりの予算も地域によって違う。

サービス内容としては家庭訪問，広報活動，育児講座，立ち寄りセンター，「確かなスタート」センターの設置があった。家庭訪問，妊娠中の相談，障害児をもつ親への援助，産後うつにある母親への援助，母乳育児の指導助言・情報提供などは重要な部分である。ほとんどのプログラムで禁煙，健康な食生活についての助言を行っている。また家庭内で使う安全器具を配布しているが，それについてのチェックやモニターはあまり行われていない。保

---

3) Comprehensive Spending Review 21章 (1998).
4) DfES, *Sure Start National Evaluation*, June 2002.

育サービスあるいは子どもの遊びや学びに関するサービスはプログラムごとにかなりの格差が存在する。「確かなスタート」は親の必要とするサービスを提供し，多数の親の声を反映したものとなり，良い効果が上がったことが認められた。

「確かなスタート」の課題

　同時に課題も多くある。それはパートナーシップの形成と維持は多くの時間を必要とし，異なる専門家間での調整という新たな専門性が求められることである。また，プログラムが実施される地域では他のイニシアティブも実行中であることがほとんどで，複数のプログラムの調整が複雑なものとなる。

　プログラムの次の段階として以下のような課題が挙げられたが，いずれも多くの時間を必要とすることであった。

- 自治体の機関が関与すること。
- 地域での評価を開始すること。
- 企業セクターからの参与を強めること。
- 運営については親のエスニシティを反映したコミュニティの関与となっているかどうかについてモニターするシステムを開始すること。
- 運営に父親の参加を強化すること。

4　新「確かなスタート」

保育サービスの成果

　多方面にわたるチャイルドケア戦略実施の成果の政府調査[5]により，次のような点が明らかとなった。ひとつは，保育サービスが子ども，親，地域に対し肯定的な変化，すなわち子どもの貧困の改善，学業成績の向上，貧困脱出のための親の就業の支援，保健の増進と犯罪の減少をもたらすことである。

---

5)　Government's 2002 review of childcare.

そして，保育サービスと幼児教育，保健・家族サービスが一体となって提供されたときに，子ども・親・地域に有益なものとなる，ということである。

この調査結果に基づき，政府には新たな質の良い保育サービスを創出する可能性があること，既存のサービスは拡大されつつ保健・家族サービスにより重点がおかれるべきであること，サービスデリバリーに関しては自治体の権限を拡大することによって開発されるべきことという結論が出された。

新「確かなスタート」ではEMSでしめされたように対象を「すべての子ども」とし，胎児から14歳（特別の教育ニーズをもつ場合は16歳）までと拡大した。新たなサービスの展開というよりも，全国チャイルドケア戦略のもとでさまざまに展開されてきた当該年齢の子どもに対するサービスを，新「確かなスタート」イニシアティブのもとで再編成したのである。

新「確かなスタート」

新「確かなスタート」というひとつのイニシアティブの傘下に，情報提供サービス，無償の就学前教育サービス，教育とケアの質の保障，低所得者を対象としたサービスあるいは給付，およびサービスの根拠を確定するためのパイロット・スキームと調査研究が包括された。開始時の「確かなスタート」に相当するサービスは「確かなスタート・地域プログラム」として発展的に吸収された。

新「確かなスタート」の目的は幼児教育，保育（ケア）サービス，保健・家族サービスという3つの大きな領域にまたがることになったが，以下の3つの目標が掲げられている[6]。

- すべての子どもに幼児教育を
- より多く，よりよい保育（ケア）を
- 地域に応じたプログラム

以下，詳述する。

---

6) DfESとDWP（＝Department for Work and Pension）による。

a　すべての子どもに幼児教育を（Early education for all）
　　＝3歳児と4歳児に無償で半日の幼児教育を行う。
　　・3歳から6歳の発達に即した，ナショナル・カリキュラムの「基礎段階（Foundation Stage）」をとおして，子どもの学びを援助する。

b　より多く，よりよい保育（ケア）を（More and better childcare）
　　＝2006年までに25万定員を増やす。
　　・保育サービスの拡大＝チャイルド・マインダーや保育室，学童保育の，フルタイムまたはパートタイムの定員を助成金により拡大する[7]。
　　・保育（ケア）サービスの質の向上＝OFSTEDの査察を通して，幼児教育とケア，求人と保育者養成の質を保証する。
　　・保育（ケア）サービスを購入可能のものとする＝ワーキング・タックス・クレジットの実施[8]により，年間3億2,500万ポンドの予算を保育費用補助に充当する。
　　・情報の提供＝地域および全国情報サービスをとおして親に情報を与える。
　　・雇用との関連＝保育（ケア）サービスの情報に雇用の助言を関連づける。

c　地域に応じたプログラム
　　①「子どもセンター（children's centre）」を最も必要とする地域に設立する。
　　　・「子どもセンター」を最も必要とされる地域―恵まれない地域―に設立し家族に対し幼児教育，保育サービス，保健・家族支援サービスを

---

[7]　保育定員拡大計画（＝Neighbourhood Nurseries）として既存のデイ・ナーサリーの定員を増やすこと，デイ・ナーサリーの新設，あるいは学校拡大計画（＝Extended School）としてナーサリー・スクールや小学校でデイケアを提供することなどが含まれる。
[8]　必要な保育サービスを購入するための費用補助としてチャイルド・タックス・クレジットとワーキング・タックス・クレジットが2003年より実行された（第5章で述べたワーキング・ファミリー・タックス・クレジットは廃止）。給付にあたっては所得制限があるので，実質的には低所得者が対象となる。

就業機会についてのアドバイスとともに提供する。「子どもセンター」は「確かなスタート・地域プログラム」，保育定員拡大計画（Neighbourhood Nurseries），保育重点センターの拡大と並行して実行される。
② 「確かなスタート・地域プログラム」の継続
- 当地域プログラムは貧困地域での地域密着サービスを継続して行う。2004年3月までには522のプログラムにより40万人の子どもにサービスが提供される予定である。

5 チャイルドケアの複層性と多元性

3つの枠組み

　労働党は政権第2期において，普遍的サービスとしての幼児教育，親のニーズに応える保育サービスの供給，恵まれない地域での家族支援というチャイルドケアの3つの枠組みをいっそう明確に示した。

　この3つの枠組みは，子どものニーズ，親の経済状態に応じて適用される（図7-2）。なお，ここでは親に代わってのデイケアの有無という問題の性質上，ニーズのうち障害を除外してある。

　教育サービスについては，2年間の就学前教育（学期中，2時間半のセッションを週5回）が無償で提供され，3・4歳児への普遍的サービスとなったが，親に代わってのケアを提供する保育（ケア）サービスは有料である。社会的不利，剥奪，障害という「必要のある子ども」に対してだけ，無料で提供される[9]。

　この保育（ケア）サービスについては，政府は公的なサービスデリバリーを拡大する方向をとってはいない。親のニーズに応えての保育（ケア）サービス拡大は，タックス・クレジットなどの間接的な手段により，子育ての費用補助を親に対して直接行い，利用者の選択を重視する方向が選択されてい

---

9) 必ずしも公立のデイ・ナーサリー等への入園を意味しておらず，民間のナーサリー等へ入園させ，費用を地方当局が負担する場合もある。

図7-2 子どものニーズ・親の状況・保育手段

親の収入	子どもの（社会的不利・貧困）ニーズ		
	ある	ない	
	低	低～中	中～高
	＊貧困状態の親	＊親就労	
	▲無料デイケア ▲家族サポート ●無料幼児教育 ○情報サービス	▲減税による保育料補助 民間デイ・ナーサリー （保育料安い） チャイルドマインダー他 ●無料幼児教育 ○情報サービス	私立学校幼児部 ナニー＊ 民間デイ・ナーサリー （保育料高い） チャイルドマインダー他 ●無料幼児教育 ○情報サービス
		在宅の母あるいはその他家族，親族がいる	
		●無料幼児教育 ○情報サービス	

注：▲福祉サービス　●教育サービス　○一般サービス
＊ナニー＝自宅に私的に雇用された保育ワーカー

る（この費用補助には所得制限があり，実質的には低所得者対策である）。

また個別の保育機関に対しては，短期的な補助金の投入という形でしか助成を行わない。その後は保育機関の自助努力に委ねている。

チャイルドケアの構図

図7-3は，チャイルドケアをめぐっての親と保育機関・関係機関の関係を示したものである。

政府は大胆なチャイルドケア拡充政策を採ったものの，地域ごとの既存のチャイルドケアの状況を出発点とせざるを得ない。チャイルドケアの拡大にあたっては全国に共通の制度を整備するよりは，地域のニーズに応じ既存の保育リソースを十分に活用するために各地に EYDCP を組織し，運営を委ねることが最も現実的な方策であった。

就学前教育およびケアを提供する機関には OFSTED によって査察が実行

図7-3 保育サービスの構造

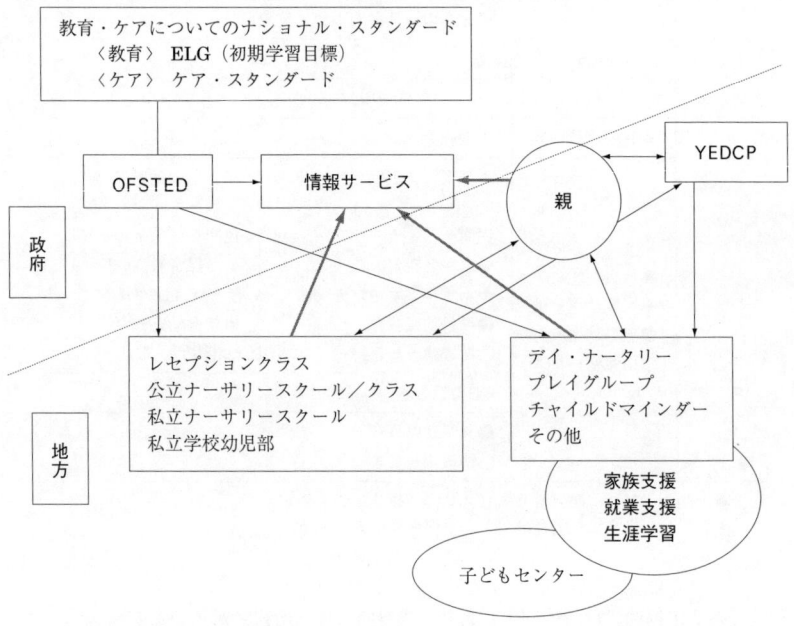

```
教育・ケアについてのナショナル・スタンダード
  〈教育〉 ELG（初期学習目標）
  〈ケア〉 ケア・スタンダード
```

政府側：OFSTED、情報サービス、YEDCP
地方側：
- レセプションクラス／公立ナーサリースクール／クラス／私立ナーサリースクール／私立学校幼児部
- デイ・ナーサリー／プレイグループ／チャイルドマインダー／その他
- 家族支援／就業支援／生涯学習
- 子どもセンター
- 親

注：点線は政府と地方の境目を示す

され，その結果が公開される。ELG[10]とケア・スタンダードがその基準となる。教育については機関や手段を問わず，ELGにより到達目標が示され，カリキュラムの手引きによって具体的な保育内容が示されている。ケアについては大原則のケア・スタンダードを示した上で，その手段，機関の種類に応じて個別的なガイドラインが示されている（次章参照）。

　ひとり親や失業者の職業準備教育および就労の促進は，就学前の乳幼児保育と学童保育を含めチャイルドケアの定員の増加によってサポートされている。チャイルドケア定員の増加は乳幼児のケア・ワーク職という雇用を創出し，全国職業資格の枠組みに位置づけられて，チャイルドケアは失業者の職

---

10) ＝Early Learning Goal

業訓練の場としても機能している。

　またチャイルドケア機関においては，ケア・ワークだけではなくアドミニストレーションやファンドレイジングなど多様な業務が必要となる。そのため，運営に参加することは参加者にエンパワーメントの効果をもたらし就業準備の機会ともなる[11]。あるいはチャイルドケア機関は家族支援や就労支援も行い，多機能福祉機関として機能することが期待される。

チャイルドケアの変化の諸相

　プレイグループや登録チャイルド・マインダー減少の傾向は，政府が公的保育サービスの供給に積極的に関与し始めたことのひとつの結果である。すなわちチャイルドケアが家庭内の私事として処理されるべき，実質的には女性の無償労働あるいは低賃金労働によって提供されるべきという立場から，チャイルドケアの有償労働化，乳幼児の教育とケアの専門性の認識，サービスとしての質の保証を重んじる立場へと大きな転換がなされたことによるものである。

　就学前教育についていえば大規模調査（EPPE プロジェクト，次章で詳述）によってその有効性が確認された。就学前教育の有用性，すなわち就学前教育の充実はニーズの有無を問わず，すべての子どもに益することであるということが立証されたのには大きな意義があった。

　とはいえ，調査により幼児教育が幼児期への早期介入として効果的であることが明らかにされたものの，半日プログラムと全日プログラムを比較したとき，子どもに現れた教育的効果には差がないという結果が示されたのである。この調査は3・4歳児に対して学期間に週5回，2時間半の教育を無償で提供することに政策的根拠を与えたといえよう。

　ここで特筆すべきは徹底した情報提供である。保育ワーカーの質が多様であり，オン・ザ・ジョブ・トレーニングが必要不可欠でありそのための教材

---

11) ノースヨークシャー，ヨーク市の LEA に所属する幼児教育コーディネーター，ジョー・アームステッド氏からの聞き取りによる（2003年9月）。

提供という意味合いもあろう。しかし親を単に保育サービスの購入者として位置づけるのではなく，子育てについて学ばせ，子どもの成育に主体的にかかわらせようというイギリス政府の意気込みには並々ならぬものがあるといえる。

抜けきれないスティグマ性

現在政府がイニシアティブをとる「子どもセンター」や「保育重点センター」の推進は，就業支援を含む家族支援の拡充でもあり，これらの保育施設はより恵まれない地域から優先的に設置されていく。公的保育サービスは，すでに発生してしまった，社会的に排除されたグループの救済としての色合いが濃くならざるを得ない。

政府が優先順位をおくのは，貧困対策としての家族支援を包含した保育サービスである。公的保育サービスは特定の地域に投入され，特定の社会階層に所属する家庭が集まり，リスクを抱えた子どもの比率が高い。公的保育サービスは依然として普遍的なものでなく，スティグマ性を帯びている。

ま と め

イギリスの保育サービスには以下のような複層性と多元性が見出せる。

- サービス内容の水準については国が基準を定め査察を実施するが，サービス・デリバリーについては自治体レベルで実行される。実際にサービスのプロバイダーとなるのは，公立および民間の多様な機関もしくは機会（プライベート，チャリティ，コミュニティベース，インディペンダント，学校，個人）である。
- 基本的な教育サービスは普遍的・無料であるが，公的なケアサービスは特定のニーズのある子どもに対してのみ提供される。
- 保育（ケア）サービス機関は家族支援，就業支援，生涯学習など多様な機能をもつ。

イギリスの「チャイルドケア」＝日本の「保育」ではない。イギリスの「チャイルドケア」とは，保育（ケア）サービスであり，家族支援であり，失業者対策であり，青少年対策であり，社会的排除対策であり，生涯学習機会であり，幼児教育を含み，複層的である。またそのサービスの供給源はきわめて多元的である。

イギリスのチャイルドケア分野で「公的保育」は依然としてスティグマ性を帯び，福祉国家レジームでいうところの，自由主義福祉国家としての社会福祉サービスの基本的な性格を変更したものではない。幼児教育は公的な財源を投入する政策的根拠を得ているが，一般の働く家庭のための保育サービスとしては不十分である。

［文献］

Bertram, T. & Pascal, C. (1999) *The OECD Thematic Review of Early Childhood Education and Care : Background Report for the United Kingdom*, OECD.

David, T., Goouth, K., Powell, S. and Abbott, L. (2003) *Birth to Three Matters : A Review of the Literaturte*, DfES.

Glass, N. (1999) 'Sure Start : The Development of an Early Intervention Programme for Young Children in the United Kingdom'. *CHILDREN & SOCIETY*, Vol. 13, 257-264.

DfES (2003) Every Child Matters.

Laming (2003) *The Victoria Climbie Inquiry*, HMSO.

8
チャイルドケアの質の保証
——商品化への道——

はじめに

　チャイルドケアの量的拡大は大切な課題であるが，同時に提供される教育とケアの質の水準が一定以上のものであること，すなわち質の保証が期待される。

　また，チャイルドケアが政策的に展開されようとするならば，どのような内容で，どのような水準で，量的にはどの程度提供すれば「効果」が期待できるのか，その根拠が必要とされる。財源を投入する以上，投資に見合った「効果」が求められるからである。

　イギリスのチャイルドケアに関する政策実行とその評価のための調査研究が1990年代後半には一挙に実施されるようになった。それは，チャイルドケアがまともな政策対象として取り上げられたことの証左でもある。調査研究を含め，この10年はこれまでの義務教育，高等・継続・職業教育の分野，ケア・サービス，果てはビジネスの分野のノウハウが一気にチャイルドケアの分野に流れ込んできた感がある。

　このような背景の下，イギリスのチャイルドケアの「質」はどのように保証されようとしているのだろうか[1]。そしてその動きの背景にあるものは何であろうか。

---

1) http://www.surestart.gov.uk

1 調査研究の実施

「効果的な就学前教育の実施」(=EPPE) プロジェクト

　イギリス政府がスポンサーとなり，1997年から2003年にかけてロンドン大学教育研究所に委託して行ったのが「効果的な就学前教育の実施 (Effective Provision of Pre-School Education=EPPE)」研究プロジェクトである。これは，イングランド全域から3,000人の子どもを対象として，早期就学前の経験の成果，子どもの長期的な教育的・社会的発達に影響を与える保育状況と家族要因に関する縦断的研究であった（詳細は資料8-1参照）。

就学前教育提供の政策的根拠

　EPPE プロジェクトの結論を述べると，以下のようなものであった。
- 質の高い就学前教育は小学校に入学するまで子どもの知的・社会行動的発達に肯定的な効果をもたらす。
- 社会的排除の防止に有効であり，とりわけ小学校でのよいスタートを切らせることで不利な環境におかれた子どもを包摂していく（排除しない）役割を果たす。
- このとき多様な社会的背景をもつ子どもの集団である方がよい成果がみられる。
- 子どもにとって家族からの影響は重大ではあるが，それを超えて就学前教育機関は子どもの進歩に肯定的な影響を与える。
- 就学前の経験は質だけでなく量――この場合は学期数を指す（全日保育が半日保育よりも効果的であるとはいえない）――も影響を与える。
- 就学前教育の質は保育者の教育・訓練の度合いと関係し，高い資格をもつ保育者は子どもによい環境を提供し，よい相互関係を形成し，子どもの全面発達をもたらす。
- 就学前教育の質は子どもに現れる成果と直接的に関係している。質は個

資料 8-1　EPPE プロジェクト

〈1　EPPE プロジェクトの目的〉
　イングランド全域の保育機関から社会階層的・文化的に異なる背景と異なる保育経験をもつ3,000人の子どもをランダムに抽出し，幼児教育を受けた期間とその質，家族背景，民族的・社会的・経済的背景という諸条件が子どもの発達にどのような影響を与えるのかを明らかにすることにあった。就学前教育の実施についての政策的根拠を求めることを目的とした研究である。
　具体的な研究の目的は，以下のように設定された。
①年少児の知的・社会／行動的発達に就学前教育はどのような影響を与えるのか。また，就学前の経験は社会的不公平を減じることができるのか。
②他と比較して子どもの発達をより促進するような就学前教育機関（機会）があるのか。
③効果的な就学前教育機関（機会）の特性とは何か。
④3歳までの家庭環境の何が，子どもの知的・行動的発達に影響を与えるのか。

〈2　方法〉
　EPPE は大きくは次の3つの部分から構成されていた。
①141の就学前機関からおよそ3,000人の子どもを抽出し，3歳の時点から7歳（就学前教育開始時から義務教育入学後──筆者注）までの追跡調査を行う。就学前教育開始時と終了時の2回，認知的・社会的発達のアセスメントを実施し，その間の発達の度合いが調べられた。
②子どもに現れた成果と機関の保育が与えた影響の調査，および機関の質の測定。
③子どもに現れた成果の違いに即して，特定の機関についての質的事例研究。
①では子ども自身の認知的発達・社会的発達の度合いの測定，親や保育者へのインタビューにより子どもに関するデータが収集された。②で子どもが所属している就学前機関で提供される幼児教育の質の測定が行われたが，その測定方法として ECERS-R および ECERS-E が用いられた（補足資料 8-1-1，2，3）。

〈3　結論〉
　両スケールを用いての保育の質の測定の結果による発見は，次のようなものであった。カリキュラムやケア，子どもとスタッフのやりとりにみられる教育方法，子どもの遊びや学びのためのリソースについて，機関ごとに大きな違いがあった。公立の機関の方が私立やチャリティの機関より高い得点を得ていた。特にナーサリー・スクールと統合センター＊（combined centre）でよい結果がみられた。

＊統合センターとは教育とケアを統合して提供している（教育局とソーシャルサービス局の合同による）地方自治体立の保育機関である。1985年以降各自治体で設置されるようになった（第4章では統合保育センターとして記述）。

補足資料8-1-1　ECERS-R について

ECERSとは，アメリカの研究者，テルマ・ハームスとリチャード・クリフォードによって1970年代後半に開発され，1980年に初版が発行された，2歳半～5歳児の集団保育の質の測定方法であり，ECERS-Rは1998年発行の改訂版である。現在ではアメリカ国内にとどまらず，ヨーロッパ，アジアなどでも保育の質の評価，向上のためのツールとして用いられている。イギリスでは EPPE プロジェクトメンバーによるECERS の使用実績があった（Melhuish, E. C. 'What Affects the Quality of Care in English Playgroups ?' *Early Developments and Parenting*, 3【3】, 135-143, 1994）。

英語圏以外では当該国の言語に翻訳され，用例や遊具等について多少の修正は行われるにせよ，翻訳以外の大きな変更はなく用いられている。1993年から2000年にかけて，アメリカ4州で398機関から826人の子どもが抽出されて就学前時から4年間追跡されるという大規模研究『コスト・質と子どもに現れる成果についての研究』*が実施されており，この研究で保育機関の質を測定するために ECERS が用いられている。

ECERSは表に示す7つの大項目に分類される43の項目が7点満点で段階的に評価される。大項目ごと，あるいは総合評点も算出できる。

* Cost, Quality and Child Outcomes in Care Research Team. *Cost, Quality and Child Outcomes in Child Care Settings : Public Report*. Denver : Department of Economics, Center for Research and Social Policy, University of Colorado at Denver, 1995.

表a．ECERS-R の内容

Ⅰ 空間と家具	16. コミュニケーション
1．室内空間	17. 推理スキルの発達のための言語使用
2．日常のケア，遊び，学びのための家具	18. ふだんの会話
3．くつろぎと安らぎのための家具	Ⅳ 活動
4．遊びのための室内構成	19. 微細運動
5．プライバシーのための空間	20. 造形
6．子どもに関係する展示	21. 音楽／リズム
7．粗大運動遊びのための空間	22. 積み木
8．粗大運動のための設備・備品	23. 砂／水
Ⅱ 個人的な日常のケア	24. ごっこ遊び
9．登園／降園	25. 自然／科学
10. 食事／おやつ	26. 算数／数
11. 午睡／休息	27. テレビ・ビデオ・コンピュータ
12. 排泄／おむつ交換	28. 多様性の受容
13. 保健	Ⅴ 相互関係
14. 安全	29. 粗大運動の見守り
Ⅲ 言語―推理	30. 全体の見守り（粗大運動を除く）
15. 本と絵・写真	31. しつけ

32. 保育者と子どものやりとり 33. 子どうしのやりとり Ⅵ 保育計画 34. 日課 35. 自由遊び 36. 集団活動 37. 障害をもつ子どもへの配慮	Ⅶ 保護者と保育者 38. 保護者との連携 39. 保育者の個人的ニーズへの対応 40. 保護者の仕事環境 41. 保育者間の意志疎通と協力 42. 保育者のスーパービジョンと評価 43. 保育者の研修機会

補足資料8-1-2　ECERS-Eの開発

　EPPEプロジェクトでは，イギリスの就学前機関の「教育的」あるいはカリキュラム的要素を細部にわたって調査するために，全国カリキュラムに準拠した4つの大項目からなるスケールを1998年に開発した（E＝Extention）*。ECERS-Rは多様性という観点からはその不十分さが指摘されており（Cryer, D., Defining and Assessing Early Childhood Program Quality, ANNALS, AAPSS, 563. 1999），ECERS-Eには多民族社会としてのイギリスでの就学前教育で求められる要素を示す項目を含むことになった。形式や評点方法はECERS-Rと共通している。

*Sylva, C. & Siraj-Bratchford, I., The Relationship between Children's Developmental Progress in the Pre-school Period and Two Rating Scales. 2001

　　表b．ECERS-Eの内容
　　　Ⅰ．読み書き
　　　　1．'文字環境'：文字や語句
　　　　2．本と読み書き
　　　　3．大人が読みを示す
　　　　4．発音
　　　　5．文字を書く環境
　　　　6．話したり聞いたりする
　　　Ⅱ．算数
　　　　7．数をかぞえる
　　　　8．数を読む
　　　　9a．算数的活動：形と空間
　　　　9b．算数的活動：分類，対応，比較
　　　Ⅲ．科学と環境
　　　　10．自然の教材
　　　　11．科学遊びの場，教材
　　　　12a．科学の活動：無生物
　　　　12b．科学の活動：生き物とまわりの世界
　　　　12c．科学の活動：食べ物の準備

Ⅳ. 多様性
13. 個別の学習ニーズ
14. ジェンダーの平等
15. 多文化教育

補足資料 8－1－3　ECERS-R と ECERS-E の相関

スケールによって測定された保育機関の環境の質と子どもの発達・進歩の関連についてみれば，ECERS-R の総得点と子どもの認知的な進歩とは関連がみられなかった。しかし ECERS-R の下位項目である「相互関係」の得点は子どもの自立性と社会性（協同・自立）のアセスメントの結果と高い正の関連を示した。認知的発達については，ECERS-E の総得点が子どもの言語，非言語的推理，数のスキルと明らかに関連を示した。ECERS-E の下位項目である「読み書き」は子どもの読みの準備段階のスキルと関連を示した。ECERS-R と ECERS-E の相関係数は0.78であった。

別の機関ごとに差があるが，あるタイプの機関（ことに統合センターとナーサリー・スクール）と子どもに現れるよい成果には関連がある。
- また家庭での学習環境は大きな影響を与える。

以上の結論から得られる政策的含意としては，質の高い就学前教育は子どもに有益であること，特に不利な環境におかれた子どもにとって有効に機能すること，就学前教育の質の高さは保育者の教育・訓練の度合いに影響される，ということに集約される。だが教育的な取り組みは半日でよいという結論も引き出したのである。

「子どもへの任命」イニシアティブ

まず幼児教育から手をつけ，次いでケアにも手をつけるというように，段階的に問題解決をはかろうとするのがイギリス政府のとった現実的なやり方であった。政府は教育制度内に幼児教育を位置づけ，その水準向上を実行する動きと並行して，これまで必要に応じて多元的に供給されていた保育サービスについてその質を向上させるために「子どもへの任命（Investors in Children）」と銘打ったイニシアティブを発足させた。

このイニシアティブに基づき2002年3月,教育技能省は保育プロバイダー,地方当局,「質の保証（Quality Assurance）」計画,専門機関を対象にコンサルテーションを行い,次のような結論を得た。

- 保護者はサービスの質についてより多くの情報を求めている。
- チャイルドケア・プロバイダーは効果的な「質の保証」計画は水準を向上させると認めている。

質の保証の基準

「子どもへの任命」イニシアティブはコンサルテーションへの直接的な対応策として設置され,教育技能省は「質の保証」計画が以下の基準に適合すべきであるとした。

- 調査結果に基づいている。
- 全国基準に基づいている。
- 大人と子どもの相互関係を同僚が観察するための教材があり,自己反省的な実践を支援する。
- 人事管理を重視する（転職率,就業満足度,能力開発）。
- 質の保証のためのガイドラインを作成する。
- 機会均等および反差別の実践に基づく。
- 質の保証は継続させる。
- 保育プロバイダーは適切な指導と支援を得る。
- 外部評価とその結果の公表を行う。
- 質の保証の基準についてのアセスメントは文書化する。

実際に実行されているのが地域単位（たとえばバーミンガム EYDCP,ロンドン・イズリントン地区 EYDCP など）あるいは団体単位（たとえば全国チャイルドマインディング協会,ハイ・スコープ,PLA など）の「質の保証」計画である。質についての論議はすでに1990年代半ばには重要なアジェンダになっていた[Williams 1995]。

2 保育サービスの質の保証

査察と質の保証プロジェクト

　保育サービスの質を保障するものとして，基準の制定と査察（inspection）制度，さらに地方自治体あるいは団体による質の保証プロジェクトの実施が重要な役割を果たしている。

　全国的レベルでみると政府関係機関である OFSTED の幼児部門で行われている査察が最も基本的なものである。具体的には表 8-1 に示すとおりで

表 8-1　OFSTED の査察一覧

	1996年学校査察法 §10	1998年学校水準と枠組み法 §122	1989年児童法パートXA 2000年ケア・スタンダード法
法的根拠	1996年学校査察法 §10	1998年学校水準と枠組み法 §122	1989年児童法パートXA 2000年ケア・スタンダード法
対象	公立小学校付設ナーサリー・クラス 公立ナーサリー・スクール	補助金を受けて幼児教育を提供しているすべてのセッティング（プレイグループ，デイ・ナーサリー，私立ナーサリー・スクール，独立学校，チャイルド・マインダーネットワーク，その他）	ケアを提供するすべての保育機関，個人（全日ケア，半日単位ケア，学校外ケア，託児所） チャイルド・マインダー
査察者	OFSTEDが訓練し登録している下請けの査察チーム	OFSTEDが雇用している特に選出し訓練を受けたチャイルドケア査察員	OFSTEDが雇用している特に選出し訓練を受けたチャイルドケア査察員
頻度	少なくとも6年に1回；問題点あればこれ以上	少なくとも4年に1回；問題点あればこれ以上	2年間内の指定された時期
注目点	教育の質と水準および学校全体の機能と効率；基礎段階を含めたすべての関連キィ・ステージ	基礎段階の学習の6つの領域に関連した幼児教育と指導の質	ケアの質と水準
報告書	総合報告—学校の理念，地域との連携，長所と改善されるべき点；インターネットで公開	幼児教育に焦点化し，総合評価，長所と改善されるべき点；インターネットで公開	質を評価する；インターネットで公開

出典：OFSTED (2003) *Early Years: the First National Picture*

ある。査察は一定の期間をおいて定期的に行われ，サービスの質が定められた水準を保っているかどうかを監視するシステムである。

　査察による監視だけでは不十分であり，同時に恒常的なサービスの質向上の取り組みがなされていることにより，質の保証が担保される。この恒常的な取り組みを行っているのが，地域あるいは団体によるプロジェクトの実施である。

　イギリスのチャイルドケアの現場では教育とケアのそれぞれが個別のものとして取り扱われている。表8-1にもみるとおり，幼児教育とケアの根拠法は異なり，OFSTED という同一機関のもとで2つの観点から査察が行われるにせよ，この時点では，統合された観点から総合的な査察が行われているものではない。

3　カリキュラム

義務教育のナショナル・カリキュラム制定

　1988年の教育改革法（Education Reform Act）に示された大きな改革点のひとつが，公立学校での義務教育は共通のナショナル・カリキュラムにそって行われ，一定の年齢段階（7, 11, 14, 16歳時）での到達目標が示され，生徒の到達度を測定するアセスメントが実施される，ということであった。この4つの年齢段階はキィ・ステージと呼ばれる。

　ナショナル・カリキュラムの制定およびアセスメントの実施は教育の標準化を目指すものであり，それまで学校教育が地方当局や学校・教師の裁量に任されていた状況から大きく方向転換しようとするものであった。もとをたどれば，学校教育において十分なリテラシー，ニューメラシーが獲得できず，技術革新に適応できない若年層を生み出しているという危惧があった。水準向上（rising standard）は政府の緊急課題であった［埋橋 1994］。

就学前教育への注目

　ナショナル・カリキュラムが就学後に効果的に運用されるためには，就学前教育のあり方もまた，重要になる。1996年には政府当局により就学前教育の到達目標を示した『望ましい学習の成果』(Desirable Learning Outcomes＝DLO) が発行された［埋橋 1998］。

　DLO の発行とともに，1998年よりベースライン・アセスメント，つまり小学校に入学した時にそれまでの子どもの到達度のアセスメントが実施されることになった。このアセスメントは，子どもの個別的な学習ニーズに効果的に対応するための情報を提供すること，後に子どもの進歩の程度を分析することができるように子どもの到達度を測定する，という2つの目的をもつ。

　測定されるのはリテラシーとニューメラシーに関係する，読み (reading)・書き (writing)・話すことと聞くこと (speaking & listening)・算数 (mathematics)・個人的社会的発達 (personal & social development) の5つの分野である。

DLO から ELG へ

　1997年総選挙の結果政権が交代し，DLO にかわって就学前教育の到達目標を示す『早期学習目標』(Early Learning Goal＝ELG) が1999年に発行され，その達成のための手引きとなるカリキュラム・ガイダンスは続く2000年に発行された。このときに3・4歳の2年間が「基礎段階 (Foundation Stage)」と名づけられ，「基礎段階」をナショナル・カリキュラムの最年少段階として位置づけた。

　DLO に基づいていたベースライン・アセスメントは，改定された上で継続して行われている。

カリキュラムの理念

　ELG に到達するための手引きであるカリキュラム・ガイダンスでは，幼児教育の理念を以下のように示している。

- 効果的な教育には，適切なカリキュラムと，カリキュラムが求めるところを理解し実践できるプラクティショナーが求められる。
- 幼児期の経験は，子どもの既知あるいは既得事項の上に積み重ねられなくてはならない。
- どんな子どもも排除されたり不利益を被ったりしてはならない。
- 教育が効果的であるためには，カリキュラムが注意深く構築されねばならない。
- よく計画され組織化された環境が子どもに豊かで刺激的な経験を与える。
- プラクティショナーは子どもをよく観察し，適切に応答することができなくてはならない。
- よく計画され，目的をもった活動と適切な介入。
- プラクティショナーはすべての子どもに，包摂され安心し自分を価値あるものと確かに感じさせる必要がある。
- 子ども，保護者，プラクティショナーの協同。
- プラクティショナーによる質の高いケアと教育は子どもの効果的な学びと発達をもたらす。

ELG の内容

このような理念を踏まえた上で，将来につながる子どもの学びを支え，ELG をに到達することが基礎段階の目的である。ELG は以下の 6 領域にわたって設定されている。【 】内の数字は項目数であり，合計69の基礎段階での到達目標が示された。

- 個人的・社会的・感情的発達（personal, social, and emotional development）【14】
- コミュニケーション，言語，読み書き能力（communication, language and literacy）【19】（資料 8-2）
- 算数（mathematical development）【11】
- 世の中に関する知識と理解（knowledge and understanding of the world）

【11】
- 身体的発達（physical development）【8】
- 創造的発達（creative development）【6】

資料 8-2 「コミュニケーション，言語，読み書き能力」領域の到達目標領域

- 喜んで人の話を聞き，遊びや学びの中で話したり書いたりする。
- 音を出したり，言葉や文をいって試してみたり，実験してみたりする。
- お話や歌や音楽，唱え言葉や詩を楽しんで聞き反応し，自分でもそれらをつくってみる。
- 言葉を使ってイメージし，まねをしたり経験したことを再現したりする。
- 各人と話すことでものごとを組織立てたり見通しをもったりし，自分の考えや思いつき，感じたことやできごとを明確にする。
- いつも注意して聞き，自分の感想を言ったり質問したり，行動で示すことで聞いたことに反応する。
- 他の人とやりとりをして，計画や活動の相談をしたり，話し合って交替したりする（資料 8-3 参照）*。
- 新しい言葉の意味や発音を試しながら，語彙を増やす。
- 正しく話の筋を追いながら文の組み立てを身につけて話を再現する。
- 自信をもってはっきりと人にわかるように話し，「どうぞ」や「ありがとう」のような決まったあいさつ言葉を使いながら聞く人に対する気遣いを示す。
- 言葉の最初と最後の音，短母音を聞き取り，言う。
- 聞き取ったことと文字の形や名前とアルファベットの発音を結びつける。
- 親しみのある言葉を読んだり，短い文を拾い読みしたりする。
- 書かれたものには意味があり，英語では左から右へ，上から下へ読むことを知る。
- 物語の登場人物や出来事，はじまりについて，また事実についてのどこで，誰が，なにを，なぜ，どのようにしたかという問いの答えの見つけ方の理解を示す。
- リスト，お話，指示のような異なった形式を使って，いろいろな目的で書くことを試す。
- 自分の名前やそのほかものの名札，題目のようなものを書き，時には句読点を使って簡単な文を書き始める。
- 簡単でよく使う言葉を書くのに音声についての知識を使い，より難しい言葉も音声からそれらしく書こうと試みる。
- おおよそ正しい形で人にわかるような文字が書けるように鉛筆を持ち，使う。

カリキュラム・ガイダンス

　カリキュラム・ガイダンスでは指導上の留意点，遊びの重要性，子どもの多様なニーズ，保護者との連携等についても言及している。特筆すべきはカリキュラム・ガイダンスの百数十ページにも及ぶボリュームである。

　子どもの「学び」(learning) とプラクティショナーの「教え」(teaching) がどうあるかの詳細な例示を含み，各到達目標に至るまでの子どもの発達の姿をステッピング・ストーン（踏み石）と名づけて3段階に分けて示し，具体的な指導方法が例とともに示されている（資料8-3参照）。

　このようなガイダンスの綿密な内容は，プラクティショナーのトレーニングの程度がきわめて多様であるという背景にも関連していると考えてよいだろう。正規の高等教育・継続教育機関の課程を修了したものがいる一方で，義務教育からのドロップ・アウトや失業者をも含め保育ワーカーのリクルートが行われているという実情は，少なからぬ影響を与えているものと推測される。

資料8-3　「コミュニケーション，言語，読み書き能力」ガイダンス一例

ステッピング・ストーン	子どもがすることの例	保育者はなにをすべきか	
目を合わせたり，顔の表情などのボディ・ランゲージを含め，コミュニケーションをとるために言葉そして／または身ぶりを用いる。	運河見学のとき，ボートを押し出すのに水が水門からどっと吐き出されたのを見て，ジェームズの目は大きく見開かれた。アリアナはギリシャ人だが，「はい」というときの彼女の文化での手の振り方を示した。	■子どもにコミュニケーションをとるために身ぶりで示すよう促す。■身振りと言葉を結びつけるように子どもと話し合いをする：「あなたが足をドンとして，私はあなたの顔を見て，あなたが痛かったのがわかりましたよ」	3歳からの進歩は…
簡単な言い方をし，しばしば身ぶりで質問をする。他の人に伝えるとき意味を明確にするためにイントネーションやリズムをつける。	ドアの開く音を聞き，スティーヴィは先生の顔を見，指差しながら「お母さん，帰った？」と言って自分ではまだ不確かな言い方で確かめようとした。	■子どもが言葉を使って用を足そうとすることを促す。■登ったり，料理をしたり，造形など全身を使って学ぶような経験をさせることで，大人が子どもの行動を言葉でサポートできる：たとえば「すべり台を登って，降りてきたところね」	

		■子どもに言葉で応じ、考えを広げ、コミュニケーションの判判となるように応答する：たとえば（子ども）「ワンちゃん、おふろ」（大人）「そうね、犬がお風呂に入ってるね。みんなで泥を落としてあげてきれいにしてあげるのね」―どうすれば最善であるかを判断する。 ■子どもが別のやり方でコミュニケーションをとろうとしているのをサポートする。たとえば、適切にサインをするなど。 ■家庭の言葉が英語以外の子どもに、その言語を用いる機会を与える。	
自信をもって他の人にしたいことや興味のあることを話す。 簡単な文法を用いる。 「どこ」「なに」というような形で簡単な質問をする。 会話というより並行して他の人と話す。注意を引いたり交流をするために話をする。主張したり他の人に説明をするのに話より行動に出る。 会話をはじめ、仲間に入り、人の話すことを聞き、不一致について話し合って解決する。	絵を指さして、ローラは「木の中にいるのは何？私にはふくろうが見える、そこにいるわ」と言った。 砂遊びのとき、（ジョナサン）「ぼくはマックスという犬をもらった」、（ピーター）「ぼくにも犬がいるよ」、（ジョナサン）「なんていう名前？」	■子どもが会話し、ごっこ遊びや他の遊びで他の人がしていることに応答するのを援助する。 ■絵本を見て、買い物に行ったりおもちゃを片付けたりするような毎日の実際のできごとについて話し合ったり名前を言ったりする。 ■他の人と話してよいやり方をまねるように励ます：交替にする、他の人が終わるのを待つ、人のいうことを聞いて「ありがとう」「していいですか」などの表現が使えるようになる。 ■子どもたちに同じ経験を話し合うことから話し合いを始める時間を与える。 ■子どもたちが何を言いたいのか、どのように言えばいいのかを考える時間を与える。	
他の人とやりとりをして、計画や活動の相談をしたり、話し合って交替したりする。 （資料8-2参照）	あるグループの子どもたちは自分たちの作ったバスの中で出かける計画を立てていた。スゥが「あなたが運転手で私は切符を集めるわ。もしあなたが車掌さんをやりたかったら私が運転する」と言う。	■組み立て、食べ物の活動、役を決めてのロールプレイ、問題解決など、協同して行う課業を設定し、子どもが一緒に話し合い計画を立てて、どのように始めてどのような役割分担をし、どんな材料がいるかについて、決めていくのを援助する。	ELD：言葉によるコミュニケーション …基礎段階の終わりまでに

3歳未満児保育の基準

　前章でも述べたが，2001年，政府は3歳未満児の保育の効果的な実践の枠組みとして，「誕生から3歳まで（*Birth to Three Matters*）」を示した。このプロジェクトは3歳未満児保育の政策実行に根拠を与えるものである。

　同時に，教材パックで示された枠組みは，イギリスでの3歳未満児の保育実践の基準を示したものである。「8歳未満のデイケアとチャイルドマインディング全国基準（the National Standards for Under Eights Day Care and Childminding）」［DfES 2001］および「フォウンデーション・ステージ・カリキュラム・ガイダンス」と連動するものとして考えられている。つまりケア・スタンダード，ELGと並んで，イギリスにおける乳幼児の教育及びケアの質的な向上の基盤と位置づけられる。

　枠組みは子どもの発達に焦点を当てたものであり，特定の保育内容やカリキュラムに沿ったものではない。3歳未満児の技能や有能性を認めたもので

資料8-4　3歳未満児保育の枠組み

　3歳未満児保育の枠組みを構成する考え方は以下のようなものである（Sure start 2001）。

①子どものウェル・ビーイングにとって親と家族が中心的なものである。
②子どもの生活で，他者（大人と子ども両方）とのかかわりはきわめて重要である。
③家庭と保育の場でのキィ・パーソンとのかかわりは子どものウェル・ビーイングにとって本質的なものである。
④赤ん坊や幼い子どもは社会的な存在であり，生まれた直後から有能な学び手である。
⑤学びは共有の過程であり，子どもは知識が豊かで信頼のおける大人の助けを得て，物事にかかわり，興味をもつ。
⑥世話をする大人は教材や設備よりも頼みとなる。
⑦日課と決まってするべきことは子どものニーズを満たすものでなくてはならない。
⑧子どもは適切な責任を与えられ，間違ってもよく，決定と選択ができ，自律的で有能な学び手として尊重されたときに学ぶ。
⑨子どもは教えられるよりも行うことによって学ぶ。
⑩小さな子どもは傷つけられやすい。子どもは彼らが依存できる誰かがいることで学び，自立していく。

表8-2　3歳未満児の保育のテーマ

要素	内容1	内容2	内容3	内容4
力強い子ども	私に me 私自身 myself 私は I	知らされ，肯定される	自己確信を発達させる	所属の意識
巧みなコミュニケーター	共にいる	声を出す	話を聞き，応答する	意味を見出す
有能な学び手	関係づけをする	想像する	創り出す	表現する
健康な子ども	情緒的に良好	成長し発達する	安全を保つ	健康な選択をする

出典：David 他 (2003) より作成

あり，発育，学び，発達と保育環境との相互関係を強調したものである（表8-2参照）。

EYFS（早期基礎段階）の設定に向けて

2005年12月に，ナショナル・カリキュラムの早期基礎段階（Early Years Foundation Stage＝EYFS）の設定に向けての文書『早期基礎段階；今後の方向性（*Early Years Foundation Stage ; Direction of Travel Paper*)』が発行された。EYFSはコンサルテーションを経て，2006年9月に内容が確定され，2007年から2008年にかけて保育プロバイダーへの研修が実施され，2008年9月より実施というタイムテーブルが示されている。

基本的な理念は，乳幼児にとってケアと教育は不可分なものであり，すべての子どもがそのおかれた家庭環境や所属する保育機関にかかわらず，人生の最善のスタートを切る機会を与えられるべきであるというものである。すべての乳幼児に誕生から就学に至るまで，発達保障を共通して行えるシステムの確立に向かうことがEYESのビジョンである。

具体的には，「誕生から3歳まで」(2001年)，「基礎段階」(1999／2000年)および「8歳未満児のデイケアとチャイルド・マインディング全国基準」(2001年)をひとつの枠組みに収めようとするものである。つまり誕生から義務教育就学までの子どもの発達と学習経験をカバーするものであり，「基

礎段階」は「早期基礎段階」によって置き換えられ，ナショナル・カリキュラムの対象が0歳まで拡大されることになる。財源は「チャイルドケア予算」によって与えられる。

商品化される保育

　乳幼児の教育とケア，すなわち保育をサービスという観点からみると，現在の基礎段階ナショナル・カリキュラムは，期待されるサービス内容を子どもの発達という観点から詳細に記述したもの，という見方ができよう。ELG そしてカリキュラム・ガイダンスは，子どもと家族に対して提供可能なサービスの内容を具体的に示したものであるとともに，子どもに現れる成果を理解する手立てでもある。

　個別機関（機会）で提供されるサービス内容は，OFSTED の査察により全国的に評価・公開され，可視性・透明性がある。査察結果は保護者による保育サービス選択の指針ともなる。

　レセプションクラス終了時，義務教育開始前に行われるベースライン・アセスメントは，その後の個別の子どもの発達，能力開発のための基礎資料となる。子どもは義務教育入学後，段階ごとのアセスメントで学習の到達度が全国基準により確認されるのである。

4　保育従事者の職業階梯

保育従事者の質

　保育の質には保育従事者の質が大いにかかわってくる。カリキュラムが整備され，教育とケアの基準が定められると，それらが十分に機能するかどうかは保育従事者の資質・技能に多く依存することとなる。

　保育を市場におかれたサービスという観点からみると，重要なのはクオリティ・コントロールとコスト・エフェクティヴネスである。保育サービスを広げようとすれば，この2つの要素が保育のアフォータビリティを高めるこ

とに注目される。つまり，質の高い保育従事者の能力を効果的に活用することがサービスの効率性を推し進め，効率性が高まるとより低い価格でサービスが提供できるようになり，より多くの家庭が保育サービスの利点を享受できる。それが政府の意図するところである。

知識・技能のモジュール化

　繰り返すが，保育サービス内容の質には保育従事者の質がおおいにかかわってくる。このとき保育従事者のトレーニングの程度にかかわらず，一定の内容を安定的に供給するためには，求められる知識や技能を細部に至るまでマニュアルとして提示し，忠実に実行させる，というのが手堅いやり方であろう。

　求められる知識や技能をモジュール化し，段階を追って修得するプロセスを明確にすれば，能力開発が可視的となる。それをオン・ザ・ジョブ・トレーニングのプロセスで実行すれば，その結果も職業階梯での位置づけの上昇という形で可視的なものとなる。

　それは本人にとっても自らの資質向上の動機づけとなり，プラクティショナーの資質が向上することは保育の質，すなわちサービス内容の向上に直結する。全国的に統一された職業階梯の枠組みがあれば，キャリア・アップにつながり，労働市場間での移動も容易になり，本人にとって有益であると考えられている。次項ではその職業階梯の枠組みについて述べる。

全国職業資格委員会（NCVQ）の設立

　1970年代後半から80年代にかけてのイギリスでは，急激な専門技術の変化に従来の職業訓練制度としての徒弟制度が対応できなかったこと，若者の職業志向が伝統的な職業から新しい職業に移っていったこと，労働者の流動性が増加したこと，産業界における熟練技能者の不足が深刻になったこと，若者の失業などが大きな社会問題となっていた。

　だが当時，全国で約600の団体から約6,000もの職業資格が発行されており，

それらはもとをたどれば自然発生的なものであった。職業資格は労働者の技能の証明として合理的に機能しておらず，雇用者からすれば求職者の業務能力を判断できないものであり，労働者の技能向上の手段としての能力開発制度としても不十分なものであった。そこで労働者の能力開発と技能レベルの証明が可能となるような全国規模の明確で一貫性のある職業資格制度の必要性が認識された。

そこで1986年，政府は全国職業資格委員会（National Council of Vocational Qualifications＝NCVQ）を設立し，すべての業種，産業にわたる職業資格階梯の設定に着手した。1989年には最初の全国職業資格（National Vocational Qualifications，以下 NVQ）のレベル2が導入された。当時 NVQ は，レベル1から5まで設定されていた［埋橋 1997］。

NCVQ は当初工業部門が主導的であったので，特にケアの分野を組織するためにケア部門委員会（Care Sector Consortium）が設けられ，うちチャイルドケアに関する部門が7歳未満児育成計画（Working with Under Seven Project）として1989年に設けられた。

見習い制度の認定，資格階梯の設定

先に述べたように保育従事者の実態は一様ではなく，無資格者から学位保持者まで，あるいは経験年数にも大きな差がある。またチャイルドケア機会の拡大は求人の拡大でもあり，若年層の失業対策にもなる。

1998年5月には保育職全国訓練機関（Early Years National Training Organisation＝EYNTO）が認定された。EYNTO は，子どものケアと教育の見習いの全国的枠組みを考案し（National Traineeship in Early Years Cares and Education），見習い生は平均して2年の見習いの後に保育分野の NVQ レベル2が与えられることになった。

学校教育とのリンク

第5章でもすでに述べたが，政権交代直前に発行された1997年教育法によ

り，それまで学校教育カリキュラムとアセスメントの担当部局であった学校カリキュラム・アセスメント局（School Curriculum and Assessment Authority＝SCAA）と NCVC は統合されて資格免許・カリキュラム機関（Qualifications and Curriculum Authority＝QCA）へと改編された。

政府は「全国チャイルドケア戦略」イニシアティブを標榜し，就学前教育機会の拡大を切り口としてチャイルドケアの拡充に本腰を入れ始めた。1999年には，一定の資質を備えた保育従事者の確保と，個人のスキルアップと生涯学習への意欲づけをねらって，QCA によってチャイルドケア分野での職業資格階梯が設定されたのである（表5-2）。

ところで，QCA は NVQ とは別に別の全国一般職業資格（General National Vocational Qualifications＝GNVQ）という名称の資格の枠組みを設定している。このあたりを説明するには一見複雑にみえるイギリスの教育制度に踏み込まなくてはならない。

きわめて大雑把な説明であるが，GNVQ は，義務教育年限を終了した段階で実施される GCSE[2] の科目別の成績，および GCE[3] Aレベル・ASレベルの成績をベースとしており，いわば基本・一般的な職業遂行能力を示すものといえる。NVQ レベル3は GNVQ 上級レベルに相当し，おおむね日本の高等学校修了程度といえる。GCSE では科目ごとにAからGまでの8段階の成績がつけられ，その成績によって GNVQ の基礎レベル・中級レベルに位置づけられる。

EYNTO は GCSE をすべての科目で取得できていない若年者[4]にも，見

---

2) ＝General Certificate of Secondary Education，一般前期中等教育修了証明。中学卒業程度。前期中等教育（中学校）の年限が終わるとき，GCSE の成績により個人の学業での到達段階が示される。その後アカデミックなコースをたどるものは後期中等教育機関（高校）でA／ASレベルの成績等を得て高等教育機関（大学など）へと進学していく。それ以外のコースを選んだものは，継続教育，現場経験を経るなどして，いずれかの職業分野で NVQ 等の職業階梯の枠組みの中で能力開発をはかるのである。

3) ＝General Certificate of Education，一般後期中等教育修了証明。AレベルとASレベルがある。Aレベルは2年間，ASレベルは1年間履習の科目。

4) 試験は何度でも受けられる。

習い制度による職業訓練の機会を与え，失業から救うという目的をもあわせもっているのである。それはイギリスにおける保育従事者の現実の一端をもうかがわせる。

CWDC の設置

　質の高い保育が供給されるためには保育者の質が大きな役割を果たす。チャイルドケアの拡大にあたっては量的・質的両面での労働力の確保が課題となる。そこで2005年4月，「保育従事者能力開発戦略」が各地方当局で具体化されていくためのサポートを行う保育従事者能力開発局（The Children's Workforce Development Council＝CWDC）が設置された。

　CWDC は複数存在する資格を統一的な枠組みの中に位置づけること，現場の保育従事者を経験と研修の程度によって枠組みの中に位置づけさらにキャリア・アップをはからせること，求められるキャリアの内容については細かくモジュール化し段階別に全国的な基準に沿った形で提示すること，これらを関係諸機関との連携により行っている。

ま　と　め

　イギリスの保育サービス分野におけるここ10年の大きな変化は，1980年代より始まったイギリス社会の産業構造全体の，近代化の大きな流れの中のひとつのうねりであったと理解できる。

　1980年代半ばには信頼できる全国共通基準に基づいた職業資格の枠組みの整備が求められ始めていた。1980年代後半の教育改革は，先進的な産業や技術革新に耐えうるだけの学力水準を備えた人材を輩出することを目的としていたのであり，それに続く90年代の就学前教育への注目は，そのような人材育成を効果的に行うための生涯学習のスタート地点としての重要性を認識してのことであった。

　このおよそ20年間の動きを眺めると，ここ10年間の保育サービス分野にお

ける革命的とも呼べる変化は，乳幼児のケアと教育の分野への工業社会における産業モデルの導入であったと理解できる。つまり全国共通の基準が設けられ，ELGやカリキュラム・ガイダンスによって保育というサービスの内容が明示され，インスペクションによって一定の質が担保される。サービスを提供する保育従事者は職業階梯のどこかに位置づけられる。そのことにより，労働市場での移動が容易にもなる。これはまぎれもなく，教育とケアというサービス，そしてそのサービスを提供する労働力を商品として市場に流通させるためのクオリティ・コントロールのシステムである［埋橋 2007］。

　問題は保育というケアと教育を総合した営み，すなわち将来に生きる人間を育成するシステムとして，そのような工業社会における産業モデルの適用が，知識社会と呼ばれる新たな時代の到来に，はたして適切であるかどうかということであろう。

［文献］
埋橋玲子（1994）「ライジング・スタンダードの目指すもの」『少年育成』第460号.
埋橋玲子（1998）「イギリス就学前教育の目標と評価」『国際幼児教育研究』第5号.
埋橋玲子（2007）「イギリスにおける保育サービスの商品化—保育従業者の能力育成と資格階梯にみる—」『神戸女子大学文学部紀要』第40巻.
Williams, P, (1995) *Making Sense of Quality*, National Childen's Bureau.

結 イギリスのチャイルドケアに何を学ぶか

1 保育革命の進行

先進国共通の現象

　イギリスではここ10年のあいだ，すなわち1997年政権交代後，チャイルドケア分野で劇的な変化が起きた。それに伴い，チャイルドケアの本質的な構成要因，すなわち子どもの養育責任の所在と責任分担（費用と直接的ケアとの両面で），サービスデリバリーの全体的なシステムの見直し，乳幼児期の発達の重要性の認識，保育職域の改編などが一挙に顕在化した。

　1990年代は先進工業国でそれぞれ保育革命とも呼ぶべき変化が進行した時期であった。それらの変化の背景には，従来の社会福祉システムの行き詰まりと見直し，改革が求められざるを得ない経済情勢・社会情勢の変化が存在する。

　イギリスのチャイルドケア分野はここ10年でめざましい変化を遂げたが，それ以前より改革への動きは始まっていた。すでに1980年代末より保守党政権により変化の前段階は築かれていたといってよい。労働党への政権交代は，その動きにスピードと勢いを与えたのである。

イギリスでの変化

　1990年代後半から就学前幼児の教育機会は拡大し，保育（ケア）サービスに関心が向けられ，3歳未満児の教育とケアまでその対象に含まれた。乳幼児のケアと教育の拡充だけではなく，父親休暇の導入，家庭生活と仕事の両

立にむけて政府がイニシアティブを発揮するなど，子育て環境の整備も含まれている。

　普遍的サービスとしての無償の就学前教育（親が希望する場合の3・4歳児の学期間，1回につき2時間半，5セッション）は，急速に定着した。各地域の実情に応じて小学校，ナーサリー・スクール／クラス，デイ・ナーサリー，プレイグループ等その形態は一様ではないが，ガイドラインおよび補助金と直結したインスペクション，さまざまな質の向上・保証計画により，サービスを一定の水準以上で提供しようとする努力が実行されている。

　保育（ケア）サービスについての費用補助は所得制限があり，低所得者に限られている。ただしどのような保育機関（機会）であっても，3・4歳児については教育部分が無償であるために実質的にはチャイルドケアに対する補助が，手厚くとはいえないまでも，普遍的に行われていることになる。

チャイルドケアの活気

　ブレア政権によるチャイルドケアの拡充とは，既存の保育機会を掘り起こし，保育サービスの供給源の多様さ，すなわち多元性はそのままに活性化させることであった。省庁合同の合理的な運営を行い，地域住民を対象とした多種多様な社会福祉サービスをも入れ込んだ。従来高等教育に充当させていた財源を就学前教育へと振り替えた上で，生涯学習社会への歩みを進めることであった。

　ブレアのアジテーションは経済の好況を背景として国民の意識を鼓舞するに十分であり，チャイルドケアの現場には絶好の雇用創出機会を与えた。これまでにも乳幼児の教育とケアを実行することに強い使命感を感じていた人々の意欲を刺激し，よりいっそう進歩的な取り組みを可能にした。カリスマとも表現できる有能な指導者を得た保育機関では，卓越した取り組みが実現している。また，ビジネスとしての可能性も生まれた。保育ワーカーのリクルート，財源の不安定性などの問題点は多々あるが，現在チャイルドケア分野は活況を呈している。

2　福祉国家の観点から

イギリスの位置

　乳幼児の教育とケアの先進国がスウェーデンをはじめとする北欧諸国であるとするならば，イギリスは後進国であった。しかし後発性利得を十分に発揮し，諸外国からの情報をもとに，徹底したリサーチとパイロット・プログラムの実行とその評価を集中的に行い，合理的な政策実行のために教育とケアの統合を推進した。現象面を捉えると，イギリスの保育は大きく変化したのである。でははたして，それを「進歩」と呼べるのであろうか。

　福祉国家という観点からはイギリスはアメリカと同様自由主義レジームに属している。チャイルドケアを現代の「働く家族」モデルには必要不可欠の支援とみなしながら，あくまでサービスとして市場で提供されるものであるという原則はいささかも揺らいでいない。良質のチャイルドケア・サービスの購入は高くつくため，その負担が大きすぎる子育て家庭に対する支援は，タックス・クレジットなどの現金給付という形で行われる。サービスの選択はあくまで利用者＝消費者である親に委ねられている。

　チャイルドケア・サービスが無償で，すなわち現物給付で行われるのはごく一部の「必要のある子ども（children in need）」に対してだけである。チャイルドケア・サービスは市場原理のもとで提供されることが大前提であり，そこに競争原理が働くことでサービス内容が向上し，それはサービスの利用者にとっても望ましい，とする考え方が大前提にある。

　これに対しスウェーデンなどの社会民主主義レジームに属する国々では，保育サービスは普遍的サービスであり所得再分配の意味合いをもつ。したがって実質的にはほとんど現物給付であり，保育料は家庭の所得に応じて支払うが，その上限が定められている。実のところ子どもの養育の外部化，すなわち子どもの保育（ケア）サービスが家庭外で提供される程度は，自由主義的福祉国家と社会民主主義的福祉国家で大差はない。そのサービス・デリ

バリーの原理が根本的に相違しているのである。

「進歩」についてはイエス・アンド・ノー

　乳幼児の教育とケア，すなわち保育サービスが普遍的サービスとして供給される方向に進むことを進歩と呼ぶのであれば，イギリスのチャイルドケア・サービスの変化を「進歩」と呼べるだろうか。答えはイエス・アンド・ノーである。

　保育サービスのうち教育の部分に関しては，無償で提供される対象が3・4歳児へと（親の希望が前提であって，義務教育化したのではない）大きく拡大した。この点に関しては大きな進歩であり，イエスと明言できる。

　保育サービスのうちケアの部分に関しては，イエスともノーとも断言しかねる。なぜなら税の減免など，所得制限があるためすべての家庭がその恩恵に与るものではないが，サービスの提供に少なからぬ公費が投入されるようになったからである。

　とはいえ多くの家庭にとってチャイルドケア・サービスの購入は依然として大きな負担である。もし，サービス提供の原理が自由主義レジームのそれから社会民主主義レジームのそれに移行することを「進歩」と呼ぶなら，ノーである。

「保育サービス」の商品化

　次に福祉国家比較の観点を離れて，イギリス国内という枠組みで考えると，チャイルドケア・サービスの変化は公費の投入を得てそれが市場で扱われることになった，つまり乳幼児のケアがまったくの私事ではなく，公共の関心事となった，ということに大きな進歩を見出せる。

　イギリスの経済を考えるときに「民営化 (privatization)」という重要な概念があるが，イギリスにおけるチャイルドケア・サービスの近年の変化を「民営化」と呼ぶことはできない。なぜならこれまで乳幼児のケアはけっして公共の関心事ではなく，家庭内で行われるべきことであり，一般大多数の

人々に対し公的サービスとして提供されたことはないに等しかったからである。公的な就学前教育機会はきわめて少数であり、親の就労は公的なケアの理由とはならなかった。

　乳幼児の教育とケアの供給は民間の自助努力に委ねられており、具体的にはプレイグループとチャイルド・マインダーという保育形態の、イギリス独自のひろがりを生み出したのである。いずれも保育の形態としては他の国にも存在するが、双方とも全国的な組織化を実現させたことはイギリスの特徴といってよいだろう。

　プレイグループは母親参加と低コストが特徴であり、経済的にゆとりのある人々の「熱意」や「善意」、すなわち無償あるいは低賃金労働によって支えられていた。プレイグループによって提供される教育サービスとは市場性をもつものではなかった。チャイルド・マインディングは「子どもの世話は母親によって家庭で行われるべき」とするイギリス福祉国家の理念からすれば、あってはならないはずのものであり、極言すれば闇のマーケットで流通していた保育サービスであった。

　だが現在、公的な幼児教育とケアの機会が拡大した。保育サービスはELGやケア・スタンダードという「品質基準」をもち、OFSTEDの査察という「品質管理」を経て、表の市場で流通する性質のものとなった。現在、プレイグループもチャイルド・マインダーも漸減の傾向にあるのは自然の成り行きであるかもしれない。

3　子育てをめぐって

家庭外の「子育て」

　子育てという営み自体は家庭、あるいは家庭外で連綿と続いているが、子育ての場としての「家庭」と「家庭外」の関係は社会全体の変容に伴い、それぞれの内実と両者の関係が相関しつつ変化のさなかにおかれている。その子育てを就学前の乳幼児期に限って考えたとき、いかに家庭における庇護を

必要とする乳幼児といえども，もはや現代社会において家庭内だけにとどめおかれることは不可能である。

　産業構造の変化，家族の変化，女性の労働市場への進出により乳幼児の生存のために必要なすべてのケアが家庭内で提供されるとは限らなくなった。乳幼児にかかわる家庭内の複数世代のマンパワーは払底し，最後の担い手とみなされるであろう母親についても労働市場への進出が進行している。

　あるいは国際競争が激化する現代社会においては個人の有能性をいかに向上させるかが国家的にも大きな課題であり，知識基盤社会化の流れにあって生涯学習は必然とみなされるなかで，そのスタート地点である乳幼児期における教育的介入も課題となってきた。少子化や居住環境の悪化のなかで，近隣や家庭内では異年齢・同年齢の子ども集団の形成が困難になり，社会性や情緒を育む場としての集団保育は必要不可欠となった。

　親が働いているかどうかにかかわりなく，家庭外で提供される良質の乳幼児期の教育とケアすなわち「保育」は，今や現代社会に生きる親と子にとってなくてはならないものである。

保育サービスの需要

　女性の労働力化が進行する先進工業国において，家庭外の子育ての場である保育サービスが利用できるかどうかは特に女性の就業の可能性にかかわり，家庭の経済状況を決定的に左右する。保育サービスは親が働く家庭にとってはまさにライフラインである。

　繰り返すが，すでに子どもの養育は家庭内の私事として語ることはできなくなっている。「子どものニーズ」を満たすこと＝子ども自身に対して与えられるケアや教育の充実，「家族の責任」＝男女問わず仕事と家庭生活の調和を果たし子どもを養育する責任を全うするための条件整備をどう実現するか，という２つの路線に沿っての乳幼児の教育とケアの充実は大きな課題である。

日本の状況を振り返ると

　イギリスが日本から学ぶべきは，整備され安定した保育制度を背景として，後期中等教育以上の基礎的学力をもち，基礎的な職業訓練を受け，基本的な職業倫理を身につけた保育従事者を日本の高等教育機関が安定供給していることである。あるいは認可保育制度のもとで安定した労働環境を提供され，職業集団内に「子どものために」という強いエートスが醸成され，保育技術の研鑽に努め保育文化とも呼ぶべき叡智の蓄積を行ってきた。また，就学前の保育機関（幼稚園，保育所）には公費助成が行われ，公立保育所といえども決してスティグマ性を帯びていない。

日本の保育所制度の危機

　今日，日本では保育所に対する公費助成が削減の方向にある。特に公立保育所運営費のコストの高さが批判され，人件費の高さが槍玉に挙げられ，永年勤続するベテランの保育士の存在が疎んじられている。コスト感覚の鈍さ，安定した労働環境のなかでの職務怠慢の発生など長年の措置制度の負の部分は否定しないが，男女共同参画時代において，表面的なコスト感覚のみで現時点でそのほとんどが女性である保育従事者の職が脅かされてもいいものだろうか。

　また築き上げられた保育文化とも呼ぶべき叡智の存在を無視するべきではない。保育者として養成された若い女性が，その決して低くない学歴にもかかわらず，ほぼ使い捨ての労働力のように扱われてもいいものだろうか。

　認可保育制度の影の部分は，「保育に欠ける」にもかかわらず認可保育制度の枠組み（昼間労働，定型労働者の家庭対象）に入らない子どもと家庭，すなわち本来ならばその福祉の増進のために最も援助を必要とする子どもと家庭を掬い上げることを怠り，認可外保育施設の利用を余儀なくさせたことにもある。認可外保育施設はその劣悪な保育環境から，往々にしてスティグマ性を帯びる。

　日本の保育現場は長らく措置制度に守られ，職人芸の域に安住しすぎてい

た。保育の重要性はどれだけ外部者に伝わっていただろうか。また，措置制度外におかれた乳幼児とその家庭に対する共感を欠いていたといえばいい過ぎになるだろうか。

4 イギリスのチャイルドケアから学ぶこと

協力関係の構築

イギリスのチャイルドケアから学ぶことは，乳幼児の教育とケアにかかわる人々——利用者とサービス提供者，地域住民——が，子どもを育み次世代に生きる人間として必要な能力を育成することの重要性を認識し，協力関係を構築するとともに行政からの安定した適切な財源を得ることの痛切な必要性である。

今後，保育従事者は「保育」という営みの意義やその目的，プロセスやその成果を外部に向かって伝え，その重要性と必要性に対して社会からの共感を得るように自らの専門性を高めていかなくてはならない。あるいは目前の子どもだけに援助を行うのではなく，広く子ども全体とその家庭の福祉を考慮に入れることも忘れてはならない。

資本主義社会である以上，サービスという形態で保育が供給されることの桎梏から逃れることはできない。保育従事者はその現実をも認め，受け入れなくてはならないだろう。

「サービス」の限界

だが幼児期の教育が就学準備，生涯学習の起点という観点からのみ，その有用性を問われることについては問題がないとはいえない。また良質のケアは最終的には保育従事者の見識と技能，職業人としての誇り，継続的な能力開発に依存するものであり，乳幼児を抱えたおおかたの若い両親の経済力の範囲で購えるような低コストで提供するには限界がある。

イギリス国内においても現在の就学前教育のあり方，また総合的にみて現

在の乳幼児のチャイルドケア・システム全体に対し，イギリス国内で批判的な立場も存在する。モスがその代表的な論者であるが，彼はリテラシーやニューメラシーの重視というような，既存の価値のみに依存し予断に満ちた就学前教育の目標設定に深い危惧を抱いている [Moss 2001]。

現在のイギリスのチャイルドケアは量的拡大とともに，その質の保証のために工業社会における品質管理モデルを採用している。だが，創造的であることに最上の価値がおかれる知識基盤社会を生産的に生き抜いていける人間を，工業社会の基準のもとで育てることができるのだろうか？　ますます価値の多様化の進む社会において特定の基準を設けることに限界はないのだろうか？　さらに，学業成績，能力や技能によって個々人の資質を示し，市場原理のもとで移動可能な労働力として流通させるというあからさまな考え方は，個人の人間としての尊厳を損なうものではないのか？

筆者の疑問には，モスが提唱するところの乳幼児の教育とケアを保育「サービス」と呼ぶのではなく，「子どもの空間」として位置づけ，一定の尺度で評価することのできない多様な価値観を認め，既存の価値基準にとらわれないやり方で民主主義を涵養する，という主張が答えを与えてくれそうである [Moss & Petrie 2002, Dahlberg & Moss 2005]。この視点をも含みこんだ，望ましい乳幼児のケアと教育のあり方の模索が今後のわれわれの課題である。

イギリスのチャイルドケアは，乳幼児の教育とケアが適切に供給されないことの反面教師であるとともに，果敢にその変革にチャレンジすることの重要性，変革の可能性に対し相反する理念を許容する懐の深さ，いったん意を決すれば合理的・着実・綿密に体制を整えていく思慮深さと執拗さを教えてくれる。

今，わが国の乳幼児の教育とケアのあり方は，保育がサービスとしてどのように供給されるかをめぐって，大きく舵を取ろうとしている。イギリスのチャイルドケアに学び，あるいは学ばず，正しい方向に舵がとられることを心より願い，本書の結びとしたい。

[文献]

Dahlbelg, G. & Moss, P. (2004) Ethics and Politics in Early Childhood Education, Routldge Falmer.

Moss, P. & Petrie, P. (2002) *From Children's Services to Chidren's Spaces*, Routldge Falmer.

Moss, P. (2001) Britain in Europe : Fringe or Heart ?, in Pugh, G. (ed.) *Contemporary Issues in the Early Years*, Paul Chapman Publishing.

謝　　辞

　戦後30年以上わずかな変化しかみせなかったイギリスのチャイルドケア分野はここ10年のあいだにまさに激変した。この分野はまだまだ女性の領域である。変化の息吹を体現したような，多くの女性に会った。自宅を開放したナーサリーを出発点として，現在ではイギリスでも有数のナーサリーのフランチャイズ・カンパニー'キッズ・アンリミティッド'の運営へとビジネスを展開させていったジーン・ピッカリング，チャイルドケアとファミリーサポートそして生涯学習を組み込んだ多機能福祉センター'ペングリーン・センター'を長年かけて地域に根付かせていったマギー・ウォーリー，マイノリティの人々のためにまさに身体を張っていたシェフィールド・チャイルド・センターのクリシー・メレディ……，名前を挙げていくときりがない。
　今から振り返ると憑かれたようにイギリスに飛んで行き，あちこち出向き，いろいろな人に会っていた自分の姿が滑稽でもある。そんな私をいつも温かくサポートしてくださったのが，ヨーク大学留学当時のスーパーバイザーである，イアン・リスター教授（現在は名誉教授）である。また，私自身がそのようにイギリスとのかかわりを深めていくきっかけは藤田博子先生とのお付き合いにあったように思う。私がイギリスにおずおずと一歩踏み込んだころ，すでにイングランドの地を軽やかに駆け巡っておられた。まるで母親のスカートのすそをつかんでついていく子どものように，後に従って保育機関を数か所訪問したのもいい思い出である。先生の考え方や行動から実に多くのことを学んだ。
　チャイルドケアを国際的な視点から検討したいと考えたのは，アメリカのコロンビア大学のシーラ・カマーマン博士とアルフレッド・カーン博士の著作 *Starting Right* との出会いである。幸運にも後に両博士とお会いしてお話をする機会があった。児童貧困問題で大きな業績のあるヨーク大学のジョナ

サン・ブラッドショー博士とは夫のスーパーバイザーという関係で親しくしていただいた。このような世界的にも著名な研究者の謦咳に接することができたのは著者の望外の幸福である。

　博士論文執筆にあたっては，家族社会学研究者であり，イギリスのチャイルド・マインダーの研究についてわが国の第一人者であられる大阪市立大学大学院の畠中宗一教授にご指導を仰いだ。寛容かつ忍耐強いご指導に心の底から感謝している。論文審査にあたっては同大学院白澤雅和教授，岩堂美智子教授にご教唆をいただいた。この場を借りて改めて御礼を申し上げたい。

　社会人として大阪市立大学後期博士課程に在籍し研究を継続させるには，職場である神戸女子大学文学部社会福祉学科（現在は健康福祉学部に改編）の上司のサポートが不可欠であった。当時の学科主任・近藤久史教授に感謝申し上げたい。

　公聴会には大阪社会福祉事業短期大学名誉教授・待井和江先生，大阪府立大学前教授・野沢和子先生はじめ，お名前をすべて挙げることができないのが残念であるが，多くの先輩諸姉・諸兄，同僚，教え子たちの心強い応援を得た。またイギリス留学・訪問の際は当時ヨーク大学の研究生，所道彦・めぐみ夫妻，同じく岡崎裕氏には本当にお世話になった。イギリスの友人スティーブン，ジョー，サンドラ，千代さん，皆様にあらためて感謝申し上げる。

　こうしてみると実に多くの方に助けられ，支えられたことにいまさらながら驚き，感謝の念に耐えない。皆様方に感謝の意を表するとともに，このような書の結びの慣例として，最後に家族にも私の気持ちを伝えることをお許しいただきたい。

　まず，今日の私があるのは山口県在住の両親のおかげである。またひとり息子広充は常に私の最強のサポーターである。身勝手な娘，母親であることの許しを乞うとともに，心から感謝したい。

そして last but not least，私の研究の師であり生涯のパートナーである夫の孝文に，言い尽くせぬ想いを込めてこの書を手渡したい。

　イングランドの冬の空に思いをはせつつ

埋橋玲子

索引

あ行

アカウンタビリティ……………………145
ＥＣ保育ネットワーク…………………7
ECERS-E………………………165, 167
ECERS-R………………………165, 166
EYDCP……………………………102
ウェルフェア・ツー・ワーク政策……131
ＳＦプロジェクト………………114, 116
エスピン-アンデルセン…………………55
NNEB………………………………85
エンパワーメント………………114, 159
OECD………………………………64
OFSTED…………………………100, 131
オイルショック……………………………84
オーエン，ロバート………………………75
オックスフォード・プレスクール調査…146
オポチュニティ2000……………………129
親の関与（parental involvement）……139
オン・ザ・ジョブ・トレーニング…159, 180

か行

『家族支援』………………………………98
家族
　　──政策…………………………58
　　──の失敗………………………72
　　──の責任…………………22, 190
「家庭と仕事」……………………………22
学校調査…………………………………148
カリキュラム・ガイダンス……………175
キッズ・アンリミティッド…………110, 119
QCA………………………………104, 182
教育改革法………………………97, 171
教育法……………………………………90

クオリティ・コントロール……………184
グスタフソン……………………56, 57, 72
クリーブランド事件………………………91
ケアラーとしての男性………………16, 31
ゴーニック………………………………56, 62
「効果的な就学前教育の実施」（EPPE）
　……………………………………164
『5歳未満児の教育』……………………89, 90
子ども
　　──サービス……………15, 16, 19, 25
　　──の空間………………………193
　　──のニーズ……………………190
　　──への任命……………………168
　必要のある──（children in need）
　……………………………………156, 187
子ども関連職全国訓練機関（EYNTO）
　……………………………………105
子どもセンター……………………155, 160
子ども法……………………………89, 124
「子ども問題」……………………149, 150
コミュニティ・ナーサリー……………87, 103

さ行

査察………………………………157, 170
産業革命…………………………………75
3歳未満児保育…………………………177
シアロフ…………………………………66
シーボーム・レポート………………83, 90
GCSE……………………………………182
シェフィールド・チルドレンズ・
　センター………………………46, 119
ジャクソン，ソニア……………………85
商品化……………………………163, 179
職場内ナーサリー………………………87

女性労働の望ましさ（female work desirability）……66
人口学的時限爆弾（demographic time bomb）……92, 129
スティク・ホルダー……114
スティグマ性……160, 191
スパイクス……38
全国一般職業資格（GNVQ）……182
全国職業資格（NVQ）……108, 131, 181, 182
全国職業資格委員会（NCVQ）……180
全国チャイルドケア戦略……99, 119

た 行

第3の道……117, 119
　市民社会の活性化……117
　社会投資国家……117
　条件整備国家……117
　責任の強調……117
確かなスタート（Sure Start）……98, 104, 151
誕生から3歳まで（Birth to Three Matters）……148, 177
男性保育者……31
『男性保育者』……37
父親プロジェクト……32, 35
チャイルドケア・タックス・クレジット……106
チャイルド・マインダー……76, 82, 86, 123, 124
チャイルドケア
　――指標……68
　質の保証……163, 169
チャイルド・マインディング協会……126
デイ・ナーサリー……78, 86, 87
デイケア調査……148
デーム・スクール……76, 77
適正な者（fit person）……125
適切な設備（fit premise）……125
統合保育センター……86, 91
独立校の幼児部……87
トマス・コーラム・リサーチ・ユニット（TCRU）……127

な 行

ナーサリー・クラス……80, 85
ナーサリー・スクール……80, 85, 87
ナショナル・カリキュラム……89, 97
　基礎段階……131, 155
　早期学習目標（ELG）……131, 172
　早期基礎段階（EYFS）……178
ニュー・レイバー……1, 116, 119
認可保育制度……191
認定子ども園……4
『望ましい学習の成果』（DLO）……172

は 行

バウチャー……92, 103
PPA（Pre-school Playgroup Association）……136, 138
ファミリー・デイケア……19
ブラウデン・レポート……83, 84, 90
プラクテショナー（実践者）……106
プレイグループ……82, 87, 123, 134
ベバリッジ……80
ベースライン・アセスメント……103
ペングリーン・センター……39, 44, 113, 119
保育改革……185
保育室とチャイルド・マインダー規制法……90
保育従事者能力開発局（CWDC）……183
保育重点センター……103, 160
保育職全国訓練機関（EYNTO）……181
「保育に関する勧告」……13
保育文化……191
ボウルビー……80
母子福祉法……79

ま行

マクミラン姉妹……………………78
民営化………………………………188
無償幼児教育………………………102
メイヤー……………………………62

や行

幼児教育調査………………………148
（幼児教育の）シフト制……………81
『幼児教育：拡大への枠組み』………84
『良質のスタート』…………90, 91, 149

ら行

ラップ・アラウンドサービス………116
リーグ・テーブル効果………………27
レセプション・クラス……………80, 86
レジーム
　社会民主主義——………………57, 187
　自由主義——…………………58, 71, 187
　福祉国家——………………………55
　保守主義（コーポラティブ）——……58

わ行

working family………………………97

[著者紹介]

埋橋 玲子（うずはしれいこ）

1956年	山口県生まれ
1981年	奈良女子大学大学院文学研究科教育学専攻修了（修士課程）
2003年	大阪市立大学大学院生活科学研究科後期博士課程満期退学
職　歴	奈良女子大学文学部附属幼稚園講師、
	姫路学院女子短期大学助教授等を経て
	現在　神戸女子大学健康福祉学部教授
1993～1994年	イギリス・ヨーク大学ビジティング・フェロー
2005年	博士（学術）（大阪市立大学）
	学位論文題目
	『イギリスのチャイルドケアの研究―多元的・複層的サービスの構図―』
2005年	フルブライト・リサーチ・フェロー
	ノースカロライナ大学FPG子ども発達研究所アドジャンクト・フェロー
主　著	『教育・仕事・家族』（共著）啓文社，1990年
	『生きるための言葉』（編著）エイデル研究所，1993年
	『教育方法のフロンティア』（単著）晃洋書房，1999年
訳　書	テルマ・ハームス他著『保育環境評価スケール①幼児版』法律文化社，2004年
	テルマ・ハームス他著『保育環境評価スケール②乳児版』法律文化社，2004年

2007年4月25日　初版第1刷発行

チャイルドケア・チャレンジ
―イギリスからの教訓―

著　者　埋橋玲子

発行者　秋山　泰

発行所　株式会社　法律文化社

〒603-8053 京都市北区上賀茂岩ヶ垣内町71
電話 075(791)7131　FAX 075(721)8400
URL:http://www.hou-bun.co.jp/

ⓒ 2007 Reiko Uzuhashi Printed in Japan

印刷：㈱冨山房インターナショナル／製本：㈱オービービー
装幀　石井きよ子
ISBN 978-4-589-03022-1

テルマ ハームス，リチャード M. クリフォード，デヴィ クレア共著／埋橋玲子訳 **保育環境評価スケール** ①幼児版　②乳児版 Ｂ５判・①120頁②116頁・各1890円	保育の第三者評価が実施の途につき，保育の質や自己評価への関心が高まっている。本書は，各国の保育行政や保育者養成・研修等で広く用いられている保育の質の測定ツール。約40項目の尺度のほかに使用にあたっての手引きや解説を付す。
長尾和秀・伊澤貞治編著 **子どもの育ちと教育環境** Ａ５判・160頁・2100円	子どもをとりまく今日的状況をふまえ，環境（家庭，地域，保育所，学校）と子どもの成長との関係性を実証的・理論的に展開し，教育環境の重要性を説く。教師，保育者の役割・専門性にも論及した教科書。
片山忠次・名須川知子編著 **現代生活保育論** Ａ５判・162頁・2100円	子どもの「生活」を軸に，保育の本質と現代の問題をふまえて生活保育の理論構築を図る。理念からの思潮，内容，方法，方向性を実践例を盛りこみながら平易簡潔に展開し，生活教育＝保育の全体像を描きだす。
片山忠次・名須川知子編著 **生活保育の創造〔改訂版〕** Ａ５判・262頁・3045円	生活のなかでの幼児との触れあいが，子どもの豊かな人間関係を築き，健全な心身の発達を促すとの観点から，子どもの実態を通した新たな保育理論の確立を試みる。新教育要領，新保育指針に照らして改訂，補足。
片山忠次著 **子どもの育ちを助ける** ―モンテッソーリの幼児教育思想― 四六判・164頁・2625円	自立的人間の成長を願い，環境による教育・自由の尊重・自己活動を重視した教育を唱えたモンテッソーリの思想を，語り口調で平易に解説。教育要領や保育指針の改訂をふまえ，彼女の思想の現代的意義と課題にせまる。

――――**法律文化社**――――

表示価格は定価(税込価格)です。